ABBÉ CHAMPLY

MISSIONNAIRE DIOCÉSAIN

Avis au Public!

Petits grains de Philosophie
à l'usage des JEUNES FILLES

TROISIÈME ÉDITION

PARIS

P. LETHIELLEUX, LIBRAIRE-ÉDITEUR

10, RUE CASSETTE, 10

AVIS AU PUBLIC

ABBÉ CHAMPLY
MISSIONNAIRE DIOCÉSAIN

Avis au Public!

Petits grains de Philosophie
à l'usage des JEUNES FILLES

PARIS

P. LETHIELLEUX, LIBRAIRE-ÉDITEUR

10, RUE CASSETTE, 10

SIMPLE EXPLICATION

MADEMOISELLE,

Voici de singuliers petits articles, qui sollicitent l'honneur de vous faire quelque bien.

Ils ont eu leur succès, on n'a jamais su pourquoi.

Ceux qui les avaient lus, dans une revue où ils parurent jadis, ont réclamé de les relire encore. Et voilà comment l'auteur rend au Public aujourd'hui ces « Avis » qui appartiennent au Public.

Permettez à cet auteur, Mademoiselle, de souhaiter de tout cœur, que Dieu vous donne de les comprendre, de les retenir, et de les mettre heureusement à profit. (1)

---

(1) Ces articles ont été écrits, il y a plusieurs années, pour une revue de jeunes filles, dans un but purement récréatif, et sans intention alors d'une publicité plus étendue. Ces circonstances expliqueront au lecteur le ton de cet ouvrage, et quelques répétitions que ne comporterait pas une œuvre d'allure plus suivie. C'est à la demande de plusieurs patronages ou colonies de vacances que ces articles ont été rendus à l'impression.

Lettre-Préface de Monseigneur de Gibergues

ÉVÊQUE DE VALENCE

Paris, le 10 Mars 1912.

MON CHER AMI,

Vous avez hésité longtemps à publier cette série d'articles ; les circonstances, disiez-vous, leur avaient imposé une forme, qui ne vous paraissait pas assez grave. C'était un scrupule ; vous passez outre, et vous avez raison. Le fond de cet opuscule est très sérieux ; et sa forme enjouée, loin de rien ôter à son mérite, va tout droit au but que vous vous proposez.

Les jeunes filles chrétiennes de nos jours ont sans doute d'excellentes qualités ; cependant, on les voudrait plus réfléchies, plus « philosophes » comme vous dites, et plus pratiques. Vous avez voulu les aider à le devenir, et vous le leur enseignez très heureusement.

Tous les genres de philosophies n'ont pas le même ton. Il en est de nébuleuses et de trans-

cendantes. Ce ne sont pas celles-là que vous pouviez offrir à votre jeune auditoire ; vous l'eussiez rebuté. Vous n'exposez qu'une bonne philosophie pratique et chrétienne, c'est la plus nécessaire. Elle a le mérite de ne demander ni les longs efforts, ni la tension d'un puissant cerveau, mais seulement de la réflexion. A la vie de tous les jours, vous présentez donc une philosophie, « en tous les jours ». Elle s'inspire des objets et des faits les plus ordinaires, et se développe à l'aise à travers les vulgaires incidents de chaque instant ; mais cette humble origine ne l'empêche pas de s'élancer aux régions les plus hautes de la pensée, de la foi, et de la prière.

Votre méthode est parfaite : d'abord, ne pas effaroucher ses élèves ; puis, aux commençants les commencements. Bossuet ni Montesquieu n'ont dû, pour leurs débuts dans la science de réfléchir, s'attaquer à l'histoire des grands empires.

Réfléchir, le mot le dit, c'est laisser le dehors se refléter dans notre âme, où l'esprit le contemple et en tire des leçons. La vie extérieure présente avec l'histoire intime de notre âme de si continuelles analogies ! A l'extérieur, comme au dedans, tout est lutte, passage rapide et mort ; et toutes les luttes, tous les passages et toutes les morts se ressemblent par quelque point. L'art et la poésie naissent de cette perpétuelle harmonie entre le monde et nous. L'immensité d'un grand spectacle de la nature, des mers, des montagnes, des cieux étoilés, nous jette dans le ravissement, parce qu'il fait vibrer en nous notre immortel attrait pour l'Infini. L'automne, où tout meurt, mais pour revivre, nous remplit de mélancolie ; et cette mélancolie n'est que notre aversion pour toute mort, et, en même temps, le sentiment très doux d'un au-delà meilleur.

Cette méthode a d'illustres maîtres. Bien des saints, François d'Assise entre autres, ont cultivé cet art d'élever l'âme au contact de la création ; et le Divin Maître n'a-t-il pas, dans ses paraboles, fait jaillir les plus hauts enseignements des faits les plus ordinaires de la vie quotidienne ?

La philosophie « en tous les jours » peut donc n'être pas une philosophie terre à terre. La vôtre fait comprendre à vos lectrices que toute réflexion est incomplète, si elle ne nous mène jusqu'à Dieu, premier et dernier mot de toute chose. Vous les élevez jusque-là, et « dans cette voix banale des mots si souvent prononcés par les hommes », vous leur faites retrouver les leçons du saint Évangile, et entendre la voix du Créateur.

Publiez donc, mon cher ami, vos leçons de « philosophie » morale et chrétienne. Les âmes s'étourdissent et se matérialisent dans le bruit de la vie : apprenez-leur à s'y retrouver, pour y grandir. Vous leur aurez révélé là une très pratique et très belle philosophie.

J'ose prédire à votre cours un sympathique auditoire, à vos « Avis » un « Public » attentif et nombreux ; ils le méritent par leur charme et leur originalité. Toutes les mères voudront les mettre entre les mains de leurs filles ; nos directeurs de catéchismes et d'œuvres y trouveront, pour leurs persévérantes, une lecture attrayante et fort utile.

Que toutes vos lectrices s'emparent des trésors que la vie leur met sans cesse entre les mains ! Vous leur donnez une clef d'or pour les ouvrir.

† EMMANUEL
Évêque de Valence.

AVIS AU PUBLIC !

AVIS AU PUBLIC !

AVIS AU PUBLIC !

Dans les bureaux d'omnibus, dans les gares de chemins de fer, dans le vestibule de tous les musées, dans les locaux de toutes les adminis-trations, partout, à droite, à gauche, à tous les pas et à tous les mouvements ne les rencon-trez-vous pas, ces trois mots, Mademoiselle? Trois mots pleins de promesse:

Avis au Public!

Ils se balancent aux guichets de la poste et du télégraphe, ils trépident aux vitres des tram-ways et des métros.... Et le public n'en a cure! le plus souvent il n'écoute ni ne lit l'avis.

Vous en particulier, les lisez-vous, Mademoi-selle, les

Avis au Public?

Je gagerais bien que non. Et vous ne savez pas ce que vous perdez!

Au fait, peut-être ne perdez-vous rien du tout, car peut-être ne savez-vous pas lire?

*   *
*

Il y a deux façons de lire. Les gens simples lisent sur les lignes. Ni vous ni moi, Mademoiselle, ne voudrions être doués d'un certain genre de simplicité.

Les gens avisés, philosophes, dont vous êtes, lisent entre les lignes. Ah! quand on lit entre les lignes, parlez-nous des

Avis au Public!

Ils sont bourrés de sagesse, ces gros écriteaux que tout le monde méprise!

Il est rare, Mademoiselle, que les paroles souvent prononcées par les hommes ne contiennent pas une profonde philosophie. Ils les répètent parce qu'elles énoncent des vérités constamment pratiques, des lois de la vie. Il y a grand profit à savoir les entendre, à les retenir, et à faire de ce patrimoine général, qui roule méconnu entre toutes les mains, une valeur entre les nôtres.

Approchez, Mademoiselle, apprenez à lire.
Dites- nous ce que vous pensez de ce premier
avis :

Le Public n'entre pas ici !

Vous pensez que le public est bien attrapé,
qu'il fait demi-tour, et va se faire pendre ailleurs ! Cela m'étonne de la part d'une jeune fille
réfléchie.

J'en connais qui, lisant entre les lignes, ont
trouvé ici la devise de toute leur vie de jeune
fille !...

— ? —

— Oui.

Vous cherchez une maxime de conduite, qui
vous dirige en tout ? Regardez. C'est dans une
horrible cohue, une rue demi-barrée, des flaques
de boue profondes, mi-crème mi-café ; des atte-
lages en long, en large, en travers ; des cochers
qui font assaut d'éloquence, et comme fond,
Mademoiselle, une grande rangée de grosses
solives debout. Elles barrent fièrement un grand
terrain vague, où s'élève lentement un je ne sais
quoi d'édifice, dont la mine future est plutôt
indécise. Enfin, au-dessus de ces solives, un
grand écriteau déploie magistralement cette

sentence (profonde, Mademoiselle, très profonde !):

Le Public n'entre pas ici !

C'est votre devise! la devise cherchée! la fameuse devise!

Vous vous interrogez?... Vous n'y êtes pas?...
Mais qu'est-ce que le public? qu'est-ce que ce
terrain où l'on bâtit? Un peu plus je ne vous
expliquerais rien du tout!

Eh! le terrain, mon enfant, mais c'est vous!
Et l'édifice c'est vous encore! Et point facile à
bâtir tous les jours!

Édifice non banal, qui doit loger l'Avenir, le
grand hôtel qui doit loger votre vie entière,
rien que cela! Édifice sacré qui doit loger Dieu
lui-même! Et le bail c'est l'Éternité!

Y songez-vous?

Et c'est vous, Mademoiselle, c'est vous l'ar-
chitecte, le maçon, le charpentier, le peintre...
De la base à la toiture on ne compte que sur
vous pour bâtir!

Voyez-vous que *Monsieur tout le monde*
ait droit d'entrée dans votre chantier? que
Monsieur tout le monde veuille donner son
avis? que *Monsieur tout le monde* vienne toucher et déranger vos matériaux? que *Monsieur*

tout le monde entre dans votre terrain avec son bruit de la rue, ses gros mots, ses grosses idées, ses pieds crottés et ses allures triviales !

Ah ! cela, non, mon enfant ! Si nous voulons bâtir propre, il faut nous fermer chez nous.

Article premier :

Le Public n'entre pas ici !

La vie d'une jeune fille doit être pleine de recueillement et d'élévation, ce ne doit pas être une cohue !

Nous avons nos idées, mon enfant, les idées de l'Évangile. Cela nous suffit pour bâtir.

Le gros public a aussi ses grosses idées,

Le public n'entre pas ici !

Nous avons nos plans, les plans du Maître divin qui nous inspire ; nous bâtissons haut, haut, haut jusqu'au Ciel.

Et le public, mon enfant ?

Ah ! le public se contenterait volontiers d'une cuisine, d'une grande table, et d'un lit confortable : le vivre, et le couvert autour ! Il trouve nos plans trop grands ?

Le Public n'entre pas ici !

Nous bâtirons chez nous une place pour tout ce qui est grand, beau et bon. Nous en aurons une pour Dieu et pour les nôtres, ils seront chez eux chez nous.

Nous aurons place pour tout ce qui souffre et peine. La Charité et la Bonté seront reines de notre domaine.

Le public nous y voudrait emprunter beaucoup de place pour y entasser des marionnettes de romans, des chiffons, des poupées et des joujoux de toutes sortes, joujoux dangereux.

Le Public n'entre pas ici!

Bravo, Mademoiselle, et tenez bien la porte! Vous, si jalouse en tout de votre indépendance, vous le serez espérons-le, à l'égard du public, en ce qui vous touche le plus. Soyez ferme dans vos convictions, personnelle dans votre conduite. Revendiquez hautement votre liberté chez vous. Et si le public en passant critique votre ouvrage, laissez-le dire, et laissez-le passer. Nous sommes chez nous, Monsieur, nous y bâtissons du bois qu'il nous plaît, et dans le style qui nous convient,

Le Public n'entre pas ici!

Au fait, ne l'oubliez pas: le public vise au coffre-fort. Méfiez-vous de sa main crochue.

Quand il vient rôder chez vous, c'est presque toujours pour vous prendre quelque chose. Mettez le cœur sous clef, et la tête aussi. Quand le public rôde autour, il n'y a nulle confiance.

Fermez la palissade, mon enfant. Le Bon Dieu est un Maître-Ouvrier qui nous suffit.

En attendant que notre édifice soit achevé, et qu'Il nous dise d'ouvrir, souvenez-vous de l' « Avis au Public » et gardez la devise:

Le Public n'entre pas ici!

LA CONCIERGE EST DANS L'ESCALIER!

On ne doit pas dire du mal des concierges.

Elles occupent un poste de confiance. Et l'honnêteté fût-elle bannie du reste du monde, elle devrait trouver un dernier asile dans la loge des concierges.

Ne riez pas, Mademoiselle. La concierge qui professe les vertus de son état mérite votre admiration et votre envie.

Vous ignorez ce qu'il lui faut dans un jour, de complaisance, de charité, de douceur! que de vertu, pour répondre sans impatience à tant de visiteurs! se déranger à toute minute! éconduire sans éclat les importuns! retenir et observer les innombrables recommandations d'exigeants locataires!

Sans conteste, elles méritent admiration et respect, les bonnes concierges.

Et il en est beaucoup.

Pourquoi faut-il que quelques-unes aient gâté le renom de la corporation, jusqu'à faire de leur titre un qualificatif peu flatteur pour nombre de jeunes filles !

La concierge est dans l'escalier.

Vous êtes prévenue. Vous avez quelque chose à dire, ou à faire dire ? Voici des oreilles à votre disposition, et une langue aussi.

Un renseignement à demander ? Avancez, vous avez à qui parler.

Vous n'avez rien à dire du tout ? N'importe. Venez toujours. On vous fera dire ou l'on vous dira quelque chose. Entrez.

La concierge est dans l'escalier !

Ne connaîtriez-vous pas, Mademoiselle, plus d'une charmante enfant qui sait en faire autant ?

De quoi voulez-vous parler ? que désirez-vous savoir ? Elle est au courant de tout.

La loge n'a pas ici le monopole de la surveillance. Les oreilles de cette jeune personne sont inquiètes comme celles d'une levrette. Tout ce qui bruit dans la maison ou dans la rue la fait tressaillir. Un coup de sonnette ici, au-dessus ou au-dessous, l'arrache à l'occupation la plus captivante.

Une voix étrangère la tient en suspens jusqu'à ce qu'elle sache : qui est là, ce qu'on veut, ce qu'on a dit.

Rien ne lui échappe : fournisseurs, livreurs, visiteurs, parents, amis et connaissances, tout paie octroi à sa curoisité.

Une lettre n'entre pas à la maison sans qu'elle la tourne et la retourne dix fois. Qui sait même ?... Mais n'insistons pas !

La concierge est dans l'escalier !

Heureuse femme ! où pouvoir être mieux, Mademoiselle ?

Cela vous explique sa science ! l'escalier est son domaine !

Et l'escalier, tout passe par là ! Rien n'entre ou ne sort que par lui !

Rien ne vit dans la maison, qui n'ait vécu d'abord dans l'escalier.

L'escalier mène à tout. Et

La concierge est dans l'escalier !

Est-ce étonnant qu'elle sache tant de choses ? Tout en montant, descendant, frottant, regardant passer l'un et l'autre, elle a tant appris !

Quiconque a beaucoup vu, peut avoir beaucoup retenu.

Et que faire, Mademoiselle, pour être heureuse et renseignée? Sinon prendre le même chemin?

Et notre petite concierge ne perd pas son temps. Du matin au soir elle circule, elle visite, elle questionne, elle furète. Un escalier ne suffit pas à son bonheur ; il lui en faut des douzaines. Vous n'y rencontrez qu'elle. Vous la trouvez dans le salon de toutes vos connaissances, l'œil aux aguets, l'oreille droite, où que vous alliez toujours la même :

La concierge est dans l'escalier,

monte et descend du matin au soir, surveille, se renseigne et renseigne : l'escalier, c'est sa vie !

Aussi quel bagage elle remporte ! Renseignements de tous genres sur les voisins et les amis. Elle possède par cœur l'histoire des membres de chaque famille, leurs noms, leur âge, leurs maladies et leurs affaires, leurs projets de mariage et leurs préférences gastronomiques.

Elle connaît toutes leurs toilettes, et le prix qu'elles ont coûté, et le nom du tailleur. Elle sait leurs opinions politiques et leurs distractions préférées.

Comme la meilleure concierge, elle sait vous faire parler sans en avoir l'air. Du plus petit détail elle tire des conclusions inattendues. Elle rendrait des points au juge d'instruction, ou aux astronomes, à qui les étoiles même, qui pourtant ne parlent pas, rien qu'en passant racontent leur histoire.

Puis, que son cerveau éclate sous cet entassement de nouvelles, quoi d'étonnant ! Quiconque a tant retenu doit avoir besoin de raconter beaucoup. Et elle remonte à cette intention d'autres escaliers.

Encore comme la meilleure des concierges, elle sait enjoliver les nouvelles qu'elle colporte. Car le conteur qui ignore l'art de présenter les faits est un triste conteur. Croyez-vous qu'elle manque à ce point du talent féminin d'arranger un rien et d'en faire quelque chose ?

Avec un peut-être qu'on supprime, un chiffre qu'on arrondit, un bout de détail bien placé, quel succès ! Les nouvelles sont comme les rubans et les chiffons ; pour se rendre intéressant, il suffit de savoir les arranger et s'en servir.

Ah ! parents, amis et connaissances, loca-

taires imprudents de son domaine, vous allez
payer votre contribution ! Que les oreilles vous
tintent :

La concierge est dans l'escalier!

* *
*

Utile petit avertissement! qu'être prévenu
est salutaire !

Si vous tenez à votre repos, mon enfant,
passez vite, et ne vous faites pas d'elle une
amie !

Taisez-vous ou parlez bas, si vous entrez dans
sa demeure !

Portez-vous un secret précieux, sachez tenir
votre langue ! N'ouvrez la bouche que portes
closes, veillez même qu'elles soient épaisses :

La concierge est dans l'escalier !

* *
*

Et vous, mon enfant, au nom de votre
devoir et de votre bonheur, soyez un esprit
sérieux et un cœur sûr.

Qu'on puisse placer en vous sa confiance et
son affection, sans trembler à tout instant d'être

trahi par une langue méchante ou indiscrète.

Envoyée de Dieu pour porter l'union et la paix, ne soyez pas de ces agitées, dont le flux de paroles sème partout la division et la guerre.

Qu'on ne se fasse pas signe à votre approche. Et que les gens prudents, vous voyant apparaître, ne se murmurent pas à l'oreille :

« Chut ! Silence !

La concierge est dans l'escalier ! »

PRENEZ GARDE A LA PEINTURE!

Heureux ceux qui ont aperçu à temps le sage avis ! Et qui n'ont pas déjà frotté au mur luisant d'huile, ou assis sur le banc ripoliné à neuf une toilette claire inaugurée du jour même !

* *

Prenez garde à la peinture !

Mademoiselle, quand vous arborez la dite toilette claire.

Mais il est peinture autrement dangereuse, à laquelle vous devez prendre garde !

Tant de gens sont peintres ici-bas !

Vous-même, ne vous adonneriez-vous pas à la peinture? Non à celle que pratique une main légère, et experte en art d'aquarelle, sépia, voire ripolin. Ne vous adonneriez-vous pas à la peinture, que pratiquent constamment l'imagination, la sensibilité, le cœur des jeunes filles?

Ah! si vous avez ce talent, ne passez pas indifférente. Et désormais:

Prenez garde à la peinture!

*   *   *

Les jeunes filles naissent peintres.

Dieu les a pourvues de la faculté de ne pas rester condamnées à voir les choses comme elles sont. Elles les peuvent peindre à leur guise, et revêtir à volonté d'une couche épaisse de la couleur préférée.

Et quel don, Mademoiselle!

Fi, n'est-ce pas, de la vie, avec ses couleurs ternes et raisonnables! Ne pouvons-nous pas faire mieux? Et dramatiser? ou poétiser?

Ah! vous êtes terrible! Il me semble voir à l'œuvre ces peintres de Paris, qui barbouillent en cinq minutes tout un pan de mur, toute une maison, pour y inscrire une réclame. Allez, allez! v'lan, v'lan! en un rien de temps, tout a changé de couleur!

Sous le pinceau, ce qui vous plaît prend des

teintes merveilleuses. Est-il rien de beau et de doux comme une amie d'un jour, parée encore des couleurs toutes fraîches de l'amitié? — « Oh! qu'elle est aimable! qu'elle est gentille! qu'elle est douce et bonne! Oh! qu'elle est intelligente! Comme elle a bon caractère! »

. . . .

Prenez garde à la peinture!

que lui donne aujourd'hui votre enthousiasme, et que pourrait demain laver un orage.

Hélas! la pauvre amie, restera-t-il plus d'elle alors, que des pauvres poupées de carton oubliées au jardin pendant la pluie? Et comme vous regretterez peut-être les confidences trop hâtives, dont le charme de la peinture aura favorisé l'essor!

Prenez garde à la peinture!

encore à ce moment. Et ne jetez pas sur elle autant de sombres couleurs, qu'hier vous lui en prodiguiez d'éclatantes: « oh! l'odieuse personne! oh! le vilain caractère! oh! l'affreux égoïsme! et quel laid petit esprit! »

.*.

Prenez garde à la peinture!

Mademoiselle, quand vous caressez un rêve ou couvez un caprice.

Comme il est beau de loin, l'objet convoité, ou le fruit défendu! Quand l'aurai-je? oh! je le voudrais tant! Il me le faut. Si je l'avais, je ne désirerais plus rien!

Et vos yeux, couverts du magique prisme de cristal, voient le rêve resplendir de toutes les couleurs de l'arc-en-ciel.

Prenez garde à la peinture!

A peine l'aurez-vous entre les mains, cet objet tant désiré, que ses couleurs s'effaceront, comme celles du papillon dans les petits doigts d'enfants qui le froissent.

Ce n'est plus rien! L'imagination seule y avait mis la peinture!

Que de fêtes impatiemment attendues, se passent ainsi dans l'ennui! que de jours de bonheur rêvé, se finissent ainsi dans le vide et les larmes! que de parures si désirées, s'enfouissent bientôt sans retour dans le tiroir aux souvenirs, en vous criant:

« Mademoiselle !

Prenez garde à la peinture ! »

.°.

Quand vous aviez huit ans (il y a longtemps de cela !), vous souvient-il que vous étiez déjà peintre ?

En ce temps-là certain Noël vous apporta votre première boîte de « peinture » ! Comme elle était rassurante, cette bonne boîte, sur laquelle vous lisiez avec confiance : « Couleurs sans danger. »

Il y a longtemps de cela, mon enfant. Aujourd'hui, les couleurs dont vous usez ne sont pas toujours sans danger,

Prenez garde à la peinture !

.°.

Prenez garde à la peinture... noire, dont certaines jeunes filles usent et abusent.

Si le devoir est un peu austère : « oh ! que c'est ennuyeux ! oh ! que la vie est triste ! oh ! que je suis malheureuse ! »

Si quelque observation vient piquer la pauvre

enfant martyre : « Quel supplice ! on ne m'aime pas ! personne ne me comprend ! »

Et la voici qui répand autour d'elle une atmosphère de noir, telle la seiche, mère de la sépia, quand un ennemi la poursuit dans la mer.

Et l'on en verse des larmes, dans ce nuage noir ! Larmes d'incomprise ; larmes de mélancolique, qui barbouille des pressentiments d'avenir ; larmes de jeune fleur brisée, qui soupire avec d'intéressants sanglots : « C'est fini ! Tout est perdu ! Je vois bien qu'il n'y aura jamais de bonheur pour moi ! »

Dangereuses couleurs, qui empoisonnent la vie et le caractère. Dangereuses peintures, qui dégoûtent du présent, présent si bon, si on le voyait avec ses vraies couleurs et ses vraies richesses !

Mais non, les jeunes filles d'aujourd'hui sont peintres, et elles sont bien malheureuses !

En revanche, passe un coup de soleil (et même souvent sans coup de soleil), lasses du noir, elles se lancent dans la peinture d'avenir.

Et alors... en avant le rose !

Oh ! les beaux tableaux ! comme l'aurore, tout de rose, de bleu et d'or !

Oh ! le bel avenir, vêtu de ciel et de printemps !...

Mais le triste, gris, noir et affreux présent!

Ah! le bonheur est là-bas! Toujours là-bas, où l'on n'est pas. Là-bas, où personne et rien ne peut nous contredire, si nous y jetons du rose et du bleu...

Ah! mon enfant,

Prenez garde à la peinture!

Craignez que ces couleurs n'empoisonnent l'avenir de désillusions, comme elles gâtent le présent d'amertumes.

Suivez le sage avis :

Prenez garde à la peinture!

dont désormais vous userez dans votre âme. Les Pères de l'Église le conseillent : laissez Dieu seul peindre sa ressemblance en vous. Soyez une chrétienne *bon teint*. Puis, ne voyez plus qu'à travers les vraies couleurs : celles de la raison, de l'amour de Dieu, de la joie généreuse, qui savent jeter, même sur les plus dures besognes, un rayon de soleil et une teinte d'espérance.

Dans les hautes montagnes, aux beaux jours d'été, soir et matin, les sommets se colorent et se transfigurent. Les bleus et les verts de l'horizon, le mauve et le rose tendre, les rouges dorés et les violets passés de « l'alpenglühn » les parent comme des joyaux. Ce ne sont point là les couleurs de la montagne aux âpres rochers, aux glaces redoutables. C'est le soleil qui l'en revêt.

Vous aussi, mon enfant, laissez tomber d'en haut sur votre vie la lumière et l'espérance. Pas d'illusions, mais de la confiance. Pas de découragements d'enfant, mais la force de l'amour de Dieu. Et si parfois le temps du dehors jette sur votre vie une teinte morose, sachez emprunter ses rayons à l'Astre divin qui éclaire votre âme. Et en avant! là-bas luit la grande aurore qui revêtira tout de sa lumière, dans un séjour où l'on n'aura plus à vous dire: « Enfant!

Prenez garde à la peinture ! »

COMPLET !

COMPLET PARTOUT !

S'il est un avis au public, désagréable, déso-
bligeant, déconcertant, désespér. t parfois,
vous venez bien de le lire !

Probablement vous l'avez lu beaucoup trop
souvent à votre gré.

Vous souvient-il ?... Combien étiez-vous en-
tassés, de pauvres voyageurs, dans cette pièce
étroite, chaude, humide, qu'on appelle un bu-
reau d'omnibus, un soir de pluie ?

Les parapluies luisants d'eau égouttent sur le
parquet, noir et glissant de boue. L'atmosphère
s'emplit d'une indéfinissable odeur d'objets, qui
fument et jettent leur eau...

Enfin !... Après un séjour qui semblait éternel, dans cet abri sans charmes, la porte s'ouvre :
— « L'Alma ! » — C'est votre tramway qui arrive !

Aussitôt, d'un même mouvement, tous les

voyageurs se redressent. Comme si, tous à la fois, les animait cette même pensée :

« Allons ! Du courage ! »

Et tous se replongent sous la douche qui ruisselle. Les parapluies se rouvrent, les souliers, les bottines clapotent dans ce vernis d'eau qui couvre le bitume. Derrière le tramway libérateur, on s'entasse !

Tas plein de convoitises et d'âpres revendications ! chacun contemple ses espérances, résumées dans « son numéro. » — Sortira-t-il ? Arrivera-t-on jusqu'à moi ?

Cependant vous entendez la voix indifférente, gouailleuse, et autoritaire en même temps du conducteur : — « Allons ! Trrrois cent soixante-quatorze, quinze, seize ! ... » — Plus que deux avant vous ! vous tressaillez.....

« *Complet partout !* »

lance le conducteur !

Ah ! je vous vois, Mademoiselle ! votre parapluie d'une main, votre jupe de l'autre, le fameux numéro rentré dans votre gant... Je vous vois traverser de nouveau le boulevard-lac, et regagner, avec vos espérances brisées, le bureau-séchoir !

Et tandis que la foule fait comme vous, et
que sa mécontente procession s'en va sur la
pointe du pied dans la même direction, le conducteur arbore à la poupe de sa voiture le petit
avis au public, éclairé d'une flamme bleue :

Complet !

Que de malheureux, perdus là-bas, dans la
pluie, sur la route, après un instant d'espérance
le verront s'éloigner dans la nuit avec accable-
ment :

Complet ! Complet partout !

. . . .

Tout en retournant prendre votre place au
séchoir-bureau, à quoi pensiez-vous, Mademoiselle ? Je gagerais que vous tiriez de graves
leçons de philosophie de votre déception et du
petit écriteau du conducteur !

Ne savez-vous pas quelque jeune fille, qui
fasse ses délices d'arborer souvent à sa voiture
le désespérant

Complet partout !

Charmante enfant, à la physionomie si douce

et si attirante, sur qui pourrait compter, pour lui rendre service, votre mère si dévouée? ou ce bon petit frère un peu bruyant? ou cette amie, que vous aimez à vos heures?

Qui sait? Vous seule peut-être pouvez le rendre, ce service? Et cette âme en peine qui vient à vous, compte sur vous... Vous n'attendiez pas avec plus d'impatience le tramway libérateur, en caressant des yeux les chances de votre numéro!

« Complet! Complet partout! »

Prière de repasser! Mademoiselle est occupée! « Laissez-moi tranquille! »

O déception! O boulevard! O vaine attente! Mademoiselle, avez-vous donc si tôt oublié tout cela, que vous êtes si prompte à faire subir aux autres ce qu'alors vous ne vouliez pas qu'on vous fît?

Si vous l'avez oublié, vous avez eu grand tort, car vous trouverez difficilement parure plus belle et mieux séante à une jeune fille, que cette bonté toujours prête à tendre la main à quiconque peine sur le chemin, pour lui aider à marcher plus gaîment et plus vite.

* *

Vos vacances vous ont-elles conduite un jour dans quelqu'une de nos campagnes, où s'est conservé, avec le vieil esprit chrétien, le cœur serviable et bon enfant ? Et avez-vous croisé, sur la grand'route, un jour de foire, la carriole qui revient de la ville au village ?

Le père Un tel est sur le siège, il cause raison avec sa brave jument grise, la pressant aux palliers, la calmant aux côtes ; et, tout le long du chemin, il interpelle les passants :

— « Eh ! la mère ! voulez-vous monter ?

Eh ! le jeune homme, y a d'la place pour vous ! »

Là ce n'est jamais le mot égoïste d'une administration sans cœur et sans entrailles :

Complet ! Complet partout !

On se presse, on s'entasse. On met les paniers entre ses pieds, et des gens sur les paniers. L'un accroche à l'arrière de la voiture un poulain qu'il vient d'acheter, et l'autre une génisse. A mesure qu'on empile là des gens et des choses, il semble qu'il se crée de la place.

Il reste toujours un coin pour un nouvel arrivant.

« Bah ! en se serrant un brin, on peut toujours faire plaisir ! »

Ah ! le bel omnibus, jamais complet ! Et dont on paie le conducteur en disant : « Merci, et à une autre fois ! »

Que je voudrais être le conducteur, et faire tous les jours le chemin du marché ! s'écrie votre cœur en dedans.

Et qui vous en empêche, mon enfant ? Ah ! je vous entends, Mademoiselle ! c'est qu'il faut se gêner, se déranger, se donner un peu de mal ! Laissez cette crainte. Croyez-en le père Un tel : le plaisir qu'on y a, vaut bien le mal qu'on se donne.

Le père Un tel lui-même n'a fait qu'en croire le Maître qui, dans le Saint Évangile, a dit au cœur chrétien : « A quiconque vous demande, donnez. Et si l'on vient vous emprunter, ne vous défendez pas. Et si l'on vous demande de l'aide pendant mille pas, donnez-en pendant deux mille. Et comme vous voulez que les autres fassent pour vous, faites pour eux. ! (1) »

En résumé, ne sachez pas dire :

« *Complet ! Complet partout !* »

_____

(1) S¹ Matth., v, 42. — S¹ Luc, vi, 30.

Si ces belles paroles du Maître ont été dites pour tous les chrétiens, elles sont faites deux fois pour vous, mon enfant.

Entendez donc sortir, des lèvres de certaines jeunes filles, l'avis du conducteur à peine modifié : « Ah ! c'est assez ! Tu m'assommes ! Toujours des services !

Complet ! Complet partout !

Et dites si elle n'est pas gracieuse, cette parole, sur ces lèvres de vingt ans, comme un mauvais insecte dans la corolle d'une fleur ?

Ne croyez-vous pas qu'il vous serait meilleur de ressembler à ce bon grand arbre, frais et ombreux, dont parle le Maître ? Les oiseaux du ciel s'empressent vers lui pour y trouver abri. La jeune fille généreuse et bonne peut partager la même gloire. Qui ne viendra pas se tailler une place dans sa complaisance ? Du matin au soir, il semble qu'on se donne le mot pour frapper à sa porte.

Elle a pourtant bien, elle aussi, ses chers projets, auxquels elle avait réservé leur place. Ah ! bien oui ! elle propose, mais sa famille et son cher entourage disposent !

Un vieil oncle demande qu'on lui lise son jour-

nal ; et un grand'père, un livre bien sérieux !
Une grand'mère cherche une partenaire pour une
interminable partie de cartes, ou une éternelle
partie de dominos. Il faut amuser les enfants
d'une grande sœur ou d'une tante, pour éviter
qu'ils ne soient insupportables. Et ils en tiennent
une place, les chers petits !

Et si quelque visite vient encore demander sa
place ? et qu'il lui plaise de la garder longtemps ?

Eh ! bien nous ne dirons à personne :

Complet ! Complet partout !

Elle loge tant de volontés des autres chez elle,
qu'elle finit par n'y avoir plus une place pour
elle-même.

Et vous croyez qu'elle en souffre ? Bien au
contraire ! Comme elle vit ! Comme elle se sent
utile ! Tout autour d'elle, elle sent germer et
croître la joie, le bien-être, la reconnaissance et
l'affection. Leur bon parfum monte jusqu'à son
cœur ! Elle a tout donné. Le moi n'a plus de
place. Elle se blottit à l'arrière, dans le coin
dont les autres n'ont plus voulu, comme le conducteur de l'omnibus, et elle s'écrie avec le sentiment d'une joie sans égale :

Complet ! Complet partout !

J'ai tout prêté, j'ai tout cédé. Chez moi les autres ont tout envahi.

Je ne suis plus solitaire, insignifiante et inutile ! Dans ma vie tout est :

Complet ! Complet partout !

Et le Maître a raison : A tout donner, elle gagne tout. De jour en jour son cœur grandit. La bonté chez elle a tué la jalousie, ce terrible ennemi de notre bonheur et de notre richesse.

Elle l'a compris par expérience : dans les bons cœurs, les affections légitimes et voulues de Dieu ne se gênent pas. Elles s'aident au contraire. Les capacités du cœur sont indéfinies. Plus il prodigue ses richesses, plus il les multiplie.

Les bons cœurs sont au rebours des omnibus, plus on y met de monde, plus il s'y fait de place.

Habituée à se donner à tous, l'enfant chrétienne n'a plus peur d'en manquer chez les autres. Et les cœurs s'ouvrent devant elle, lui offrant à l'envi autant de place qu'elle en a fait aux autres. Jamais elle n'entend à son adresse le mot qui tombe de partout comme une vengeance sur les cœurs étroits d'égoïstes et de jalouses :

Complet ! Complet partout !

*

Allez, mon enfant ! Ne voyagez plus comme un châtelain morose, qui craint d'abîmer le vernis et les coussins de sa voiture en faisant de la place à autrui !

Le bonheur de rendre service, de ne plus passer solitaire et inutile, vaut bien vos aises, la fraîcheur de vos coussins, et trente sous de vernis !

Heureuse ! oui bienheureuse, maintenant et plus tard, la jeune fille dont le cœur, le vrai cœur, non la sensibilité maladive et égoïste, mais la volonté généreuse et bonne, n'a pas mis de limite au don de ses richesses. Qui s'est ouvert tout grand ! auprès de qui toute demande trouve un sourire, toute peine un refuge, toute détresse un appui, et qui jamais ne sait plus laisser échapper de ses lèvres ni de son cœur la parole étroite et païenne :

Complet ! Complet partout !

VOIE BARRÉE!

Si vous étiez passée, l'autre jour, dans la rue
de... à Paris, votre curiosité eût été mise à rude
épreuve !

Que pouvaient bien contempler là trois cents
personnes, retenues à grand'peine, à l'entrée
d'une avenue, par deux agents du quartier?

Vu que rien ne pèse si lourd à l'âme d'une
jeune fille, qu'une curiosité rentrée, nous allons
satisfaire celle-ci. Et voici ce dont il s'agis-
sait :

Un gros auto, comme un monstre échoué,
gisait, encore chaud et palpitant, les quatre
membres en l'air, lamentable, au milieu d'un
épais banc de sable, lieu propice à un échoû-
ment, et d'innombrables pavés, qui jouaient
assez bien le rôle de galets. Son sang graisseux
et jaune coulait sur la chaussée. Ses flancs tor-
dus et déchirés faisaient pitié, de la pitié spé-
ciale qu'inspirent, vaincues, toutes ces grosses

bêtes, terribles lorsque tout va bien, si nulles
dès que le moindre coup les atteint.

Enfin, comme une grosse bête s'échoue rarement sans ridicule, celle-ci avait eu l'ingénieuse
idée de s'empaler, on ne sait comme, avec un
gros poteau, portant en grandes lettres cet avis
plein de prudence, et maintenant de reproches :

« Voie barrée »

. . . .

Au second acte :

Un gros Monsieur très ennuyé, brossant de la
main son personnage. Plus de peur que de mal.

L'inévitable agent, verbalisant.

Et une petite dame, nerveuse et agitée, (on
le conçoit!) qui, paraît-il, est la « chauffeuse ».

— « Enfin, Madame, disait l'agent...

— « Pardon, Monsieur, dites « Mademoiselle! »

— « Alors, Mademoiselle, disait l'agent, pourquoi vouliez-vous passer par là ? Vous auriez
bien dû lire qu'il y avait écrit :

« Voie barrée! »

— « Voilà bien les agents! Voie barrée! Voie
barrée! Est-ce que je pouvais soupçonner ça,

moi ? Quelle idée, des voies barrées ! Je m'étais
dit que je passerais par là, eh bien ! j'y passais !
Est-ce que je pouvais m'attendre à

« Voie barrée ! »

. . . .

Impassible, l'agent verbalisait. Le public cruel
riait. Le gros auto achevait de palpiter son ago-
nie, comme eût dit Leconte Delisle. Et la pauvre jeune personne, crispée, ravalait des
larmes de douleur, de dépit et de rage : Est-ce
bête, là !

« Voie barrée ! »

Et encore, ce destin inexorable, des choses
brutalement calmes, et des gens sans pitié devant nos détresses !

. . . .

Une pause. Puis :
— « Il est certain, grommela le gros Monsieur, que tu aurais mieux fait de prendre le
grand tour ! »
Ce fut le comble ! La jeune fille éclata en sanglots.
Vous comprenez que je n'ai pas eu le cœur
d'en voir davantage.

Mais vous, Mademoiselle, vous n'auriez pas manqué de penser tout de suite aux « Avis au public », et de prendre votre leçon de philosophie.

L'agent et le gros Monsieur avaient raison. Elle aurait bien dû lire « qu'il y avait écrit :

« *Voie barrée!* »

Et elle aurait bien mieux fait de prendre le grand tour ! »

Est-ce bien sûr, Mademoiselle? Est-ce bien votre avis? Vraiment, croyez-vous qu'il soit si facile à une jeune fille, de faire le tour, et de passer beaucoup plus loin, lorsqu'elle « s'est dit qu'elle passerait par ici? »

C'était bien la jeune fille qui avait raison : Pouvait-elle s'attendre à

« *Voie barrée!* »

Et, est-ce bête, qu'il y ait en ce monde des « Voies barrées »! et qu'il faille parfois « faire le grand tour! » Voyons, mon enfant, n'êtes-vous pas de son avis?

— Ah! vous ne savez pas, vous autres, gens rassis, combien il est doux de caresser, comme

une poupée vivante, un rêve naissant! Désirer
c'est presque aussi bon qu'avoir, quoique ce
soit plus énervant. Mais on a presque plus d'é-
motions, on en saute parfois, tout comme Per-
rette avec son pot au lait. On fait donc en général ses petits projets d'avance : « J'irai faire
telle course. Nous ferons ceci et cela. Telle visite sera pour tel jour. Papa me mènera, maman
viendra me chercher. Il y a bien ce jour-là cette
commission, mais cela me prendrait trop de
temps, Georges mon frère la fera. Demain, la
femme de chambre me préparera ma toilette.
Je ferai inviter deux autres de mes amies. Il
fera un temps splendide. Ma tante Sophie nous
pilotera ici et là. Nous nous amuserons énor-
mément, et ce sera la meilleure journée de
l'année! Oh! je voudrais y être déjà! »

— Bon!... Louis XIV ne mettait pas plus de
désinvolture, et ne goûtait pas plus de charmes,
à faire manœuvrer des aides de camp, des
pages, ou des cent-suisses, au service de ses
royaux désirs! Je dis à celui-ci: « Va », et il
va. « Viens », et il vient. — Et puis, tout d'un
coup... V'lan!

« *Voie barrée!* »

Au bon moment, quelque autorité inattendue

vient décréter juste le contraire de vos plans,
et... prière de faire le grand tour! Et vous
croyez que cela peut charmer une jeune personne qui n'est pas en carton...? Eh bien, non,
je vous l'avoue, je déteste cela: grand tour et

« Voie barrée! »

— Je ne me trompais donc pas, mon enfant,
en prenant en votre nom, la défense de la
pauvre chauffeuse emballée: « Est-ce que je
pouvais soupçonner cela, moi! Quelle idée! des
voies barrées! Je m'étais dit que je passerais par
là, eh bien, j'y passais, voilà tout! » Il me semblait bien, que vous deviez, Mademoiselle, être
de son avis.

Pourtant, croyez-en le gros Monsieur, ce n'est
pas si élémentaire que cela paraît tout d'abord:
Pour conduire, pour se conduire, ou pour conduire les autres, il faut savoir en ce monde
deux choses: tourner à temps, et tenir compte
des

« Voies barrées! »

— Ah! vous n'avez pas de nerfs, vous!
Vous ne sentez donc rien, quand vous voulez
quelque chose? Chez nous, cela ne se passe pas

ainsi: on caresse son idée, puis on s'entête,
puis on s'emballe,...

— Oui, comme la chauffeuse.

— Et qu'on nous contrarie seulement, ou
qu'on retarde l'accomplissement de notre désir,
ou qu'on y impose un amendement, le flot contrarié s'exalte, comme un courant qu'on en-
digue, monte en tempête, et... gare à ceux qui
s'opposent, ou simplement passent à la tra-
verse! Et une fois une direction prise, je voudrais bien vous y voir, à tourner à cette allure-
là!

— Et aussi, mon enfant, pourquoi prendre
cette allure? Certes oui, les coursiers fougueux
sont tout pareils. Pour une feuille tombée en
travers de la route, les voilà partis, emballés,
emballés, puis tournez donc! Ils se brisent plutôt
contre le premier obstacle venu. Et c'est ainsi
que vont se briser si souvent, avec leurs désirs,
tant de jeunes filles, qui tombent vaincues,
en larmes, échouées, au beau milieu de

« *Voie barrée!* »

Et puis, Mademoiselle, rien de dangereux
comme l'habitude du commandement. Sans s'en
rendre compte, on la porte avec soi partout :

on passe du petit au grand, et cette jeune personne qui dicte si haut ses volontés à demain,
les dicte tout pareillement à l'Avenir avec un
grand A.

— « Moi, je ne veux pas d'un commerçant ! » — « Ni moi, d'un blond ! » — « Et
moi, j'épouserai un officier ! » — « Et puis,
moi, je n'aime pas la vie terre à terre de
province ! » — « Ni moi les comptes, le livre
de dépenses, le ménage, la lessive, et le pot au
feu ! J'aime l'Art et la Pensée, la Poésie, la Musique et la Peinture, et j'adore la vie de l'Esprit ! » — ...!

Toujours l'histoire de la chauffeuse : « Je
m'étais dit : je passerai par là ! » On se le dit,
et l'on s'emballe, et l'on se lance, et l'on s'entête. Et puis, tournez donc ! et prenez donc par
ailleurs, quand la réalité avec ses exigences
vient crier :

« *Voie barrée !* »

Et voilà une jeune fille, qui fait le malheur de
toute sa vie, parce qu'elle ne peut se résigner à
faire le grand tour !

— Mais, mon enfant, ce serait une excellente
combinaison, qu'épouser un commerçant sérieux
et honnête, travailleur, à l'âme sûre et élevée.

Il vous eût offert plus de garanties, qu'un petit Monsieur poseur, et propre à pas grand'chose? — Non, non, ce n'est pas mon rêve!

. . . .

Et si les circonstances ont en quelque sorte obligé de consentir, tout est gâché d'avance! Toute la vie, ce rêve qui talonne! On se trouve malheureuse, l'existence n'est plus tenable. Vivre avec ce rêve toujours contrarié, et piétiner sans cesse devant ce sot écriteau:

Voie barrée!

Voie barrée!

Quoi d'étonnant, que sous prétexte de trouver ce fameux idéal, on finisse par se jeter dans les voies les plus désastreuses, et y échouer misérablement de toute la force de son élan!

Conclusion, mon Enfant. Voulez-vous vous conduire sûrement? Ne vous pressez pas tant d'arrêter vos idées et de vous dire: « je passerai par là. » Ne serait-il pas plus sage de vous demander d'abord: le pourrai-je? Et le dois-je? Et si j'allais, demain, au tournant, rencontrer tout à coup:

« *Voie barrée!* »

Faites-vous un caractère souple, qui sache tourner, quitter une direction prise, et passer par où exige la réalité. Tenez-vous toujours prête, et décidée à faire le tour, et même le grand tour, quel que soit votre élan. Et ne soyez plus comme les loups de jadis, dont nos grands-pères disaient qu'ils ne pouvaient pas tourner, parce qu'ils avaient « les côtes en long. »

Ne caressez pas tant de rêves, mais bien celui d'aimer tout votre devoir, et de vous rendre capable de faire face à l'avenir quel qu'il soit. Enfin, mettez désormais à vos désirs la sourdine si sage qu'y mettaient nos aïeux. Ils disaient: Nous passerons par ici, nous ferons cela... si Dieu veut. Ce léger correctif rendait moins cassants les caractères d'alors, et leur facilitait singulièrement la manœuvre du grand tour, lorsque la Providence inscrivait sur la route:

« *Voie barrée !* »

PRIÈRE DE NE PAS TOUCHER !

Monsieur Perrichon et Monsieur Prud'homme ne regardent pas avec leurs yeux.

A moins toutefois que leurs yeux ne soient au bout de leur doigt, de leur canne ou de leur parapluie ?

A leur intention, sont couverts d'écriteaux protecteurs les objets fragiles qui encombrent nos musées : frêles potiches, bijoux délicats, vieux objets minés par le temps, qu'un souffle achèverait de jeter en poussière.

O vivants, qui passez parmi ces ruines jusque-là respectées, ne les effleurez que d'un regard !

Prière de ne pas toucher !

* * *

La jeune fille de nos jours est-elle jalouse des potiches et de leur fragilité ?

On le pourrait croire. Regardez-la passer.

Juchée sur les talons pointus de petits souliers incommodes, de couleur bien claire, qui
tremblent des pierres du chemin, ou d'une
goutte de rosée qui les pourrait ternir..... Elle
va, dressée sur une taille de guêpe, si serrée
et si mince, qu'on frémit d'angoisse de la voir
se briser au premier coup de vent !

N'a-t-elle rien oublié !

A-t-elle son ombrelle? que le soleil ne la
brûle. Son éventail? de crainte de la chaleur,
qui pourrait la pâmer. Son voile ? que la poussière ne lui gâte le teint?

A-t-elle ses gants? De peur que les objets vulgaires de ce monde ne flétrissent ses mains...

Ah! mettez-la tout de suite dans quelques
livres d'ouate, sous verre, avec la recommandation :

Prière de ne pas toucher !

*
* *

« N'y touchez pas, il est brisé! » a dit un
élégant poète. Oui, comme on est intéressante,
Mademoiselle, quand on est parvenue à se faire
entourer des mille égards et attentions dûs à

un objet précieux. Sa fragilité fait ressortir son prix !

Sans doute, Mademoiselle. Mais, par contre, on est si agaçante et si inutile ! si maniérée et si insignifiante !

On veut faire concurrence à la fée Sylphide, jadis célèbre. « Toute vêtue de gaze rose et de vapeurs dorées, elle glissait dans l'air, les bras étendus sur sa harpe de nacre, légère comme la mélodie qu'égrénaient en perles ses doigts d'albâtre.

A son passage, les oiseaux repliaient leurs ailes, les zéphyrs se blottissaient immobiles sous les feuilles, pour ne pas dissiper d'un souffle son idéale vision... »

Et puis après, Mademoiselle ? Vous voilà bien avancée !

Ne vous y trompez pas : Ce qui fait la valeur d'un vivant, c'est sa solidité ! Et que ferons-nous, Grand Dieu ! de ce joujou de Nuremberg, doué, dès avant l'heure de vivre, de la fragilité des vieux objets qui ont vécu ?

⁂

Prière de ne pas toucher !

Un souffle l'enrhume ! Un foulard de soie

l'écrase ! Le poids d'un manchon d'hermine lui brise les bras !

Au physique, au moral, un vrai petit château de cartes :

Prière de ne pas toucher !

Autrement.... Plouf! la voilà par terre! aussi malade qu'un petit ballon, auquel une pointe d'épingle vient de porter le coup mortel.

Au moindre choc, elle est désolée, découragée, désespérée, elle s'affale sur elle-même comme une sensitive. Elle fond en déluge !

Puis, au lieu de s'en prendre à elle-même, de s'exercer à la vigueur de corps et d'âme, elle se pose en victime de quelque sort fatal. Elle s'écrie, toujours intéressante :

« Ah ! je le vois bien ! je ne suis faite que pour souffrir en ce monde ! J'ai le cœur trop tendre, et suis bien trop sensible pour toutes choses! »

Prière de ne pas toucher !

* * *

On dit cela, ma pauvre enfant, à une maman faible, qui vous gâte ; à une maman qui a pris avec vous l'habitude de trembler qu'un zéphyr ne vous disperse! On ne le dit pas à la vie.

La vie demande aux vivants de l'endurance: de la force pour supporter, de l'énergie pour entreprendre, du courage pour lutter et mener à bout.

Pauvres petits objets d'étagères ! quel massacre elle en fait, la vie dure et impitoyable ! Elle passe, et les laisse ravagés comme des mimosas après l'orage. Et les mamans qui vous aident, Mademoiselle, à devenir ce bijou fragile, ressemblent au jardinier qui prétendrait écrire au-dessus de ses plates-bandes, à l'adresse du vent et des orages:

Prière de ne pas toucher !

*
* *

Les Gaulois vainqueurs entraient dans Rome. L'un de nos braves grands-pères aperçut, assis dans une chaise curule, immobile, un vieux patricien. Dans sa dignité figée, il paraissait de marbre ou de cire.

Qu'eussiez-vous fait ? Toucher du bout du doigt, pour se rendre compte, semblait tout indiqué.

Le patricien se froissa. Il décocha un coup de baguette à notre aïeul. Notre aïeul le lui fit payer très cher.

Ce patricien avait tort! Ne pouvait-il pas compléter l'appareil de sa dignité par la classique pancarte:

Prière de ne pas toucher !

Et voilà ! La majesté rend susceptible.

Gageriez-vous maintenant, que cette jeune divinité si flûtée, si pincée, si préoccupée de poser à la petite idole, exige avec rigueur les égards qu'elle se croit dûs ? tout comme le patricien.

On ne l'approche que comme un Jupiter tonnant, ou quelque ombrageuse Junon, qui pour un oui, pour un non, foudroient les mortels imprudents ou insuffisamment adorateurs.

Prière de ne pas toucher!

Même du bout du doigt.

A plus forte raison avec des doigts indiscrets, qui prétendent redresser et réformer votre petit personnage !

— « Oh ! Monsieur, comme c'est vrai ! A la

moindre observation, elle fait explosion ! »

... Donc, Mademoiselle, les anciens n'ont pas connu la dynamite, la lyddite, ni la mélinite. Et c'est fâcheux. Eux à qui vouloir suffisait pour se créer une divinité nouvelle, auraient offert à ce genre de jeunes filles une patronne de leur goût. Ils l'eussent faite d'une bombe (rien de glacé), élégante, joliment ciselée, dûment chargée, et prête à faire explosion au moindre choc. Pour finir on l'eût parée d'un baudrier d'or et de soie, avec cette inscription :

Prière de ne pas toucher!

Cette divinité eut été accablée d'adoratrices ! De ces adoratrices, que la moindre observation fait bondir, le moindre reproche éclater; qui passent leur temps en explosions : explosions de sanglots, explosions de colère, de rage même, explosions de rancunes, de jalousies, longtemps contenues et rapidement portées à de formidables pressions !

Chrétiens que nous sommes, nous aurions la ressource de vouer ces jeunes personnes à Sainte Barbe, la patronne des artilleurs, et de tous ceux qui sont, à l'instar des pompiers, exposés à prendre feu facilement.

Prière de ne pas toucher !

Dans les musées, c'est dans l'intérêt du bibelot qu'on prie le visiteur dangereux de veiller sur ses mouvements. Chez les fidèles de la Bombe-Déesse, c'est dans l'intérêt même du visiteur qu'on l'avertit de respecter le bibelot dangereux. Attention ! Pas de mouvement brusque ! Il explose !

Prière de ne pas toucher !

Remarquez cependant : les bombes ne font explosion qu'une fois, même dans le cours d'une longue carrière. Mais les jeunes filles, Mademoiselle !.... des bombes à répétition !

Pauvres bombes ! Les premières, victimes du mal qu'elles veulent faire aux autres ! Pauvres jeunes filles ! qui jamais ne font explosion sans se causer beaucoup plus de dommage qu'à autrui !

Remarquez encore : Les bombes ne deviennent tout à fait susceptibles qu'une fois achevées et finies. Jusque-là on a pu tout à l'aise les fondre, travailler, polir à discrétion. Elle se sont laissé faire sans danger pour l'opérateur qui les armait pour la lutte. Haute supériorité dont elles n'ont nulle conscience ! Au jour seulement de leur entrée en circulation, achevées, prêtes, armées, on se chuchote autour d'elles :

Prière de ne pas toucher !

Hélas! Mademoiselle ! Que ne suivez-vous cet exemple si sage !... Mais qui donc vous façonnera, vous armera ? qui donc redressera, polira, tout ce qui, dans votre âme, pardonnez-moi, aurait besoin d'être façonné, redressé et poli ?

Tout être jeune est à façonner, à redresser, à former, à tailler, à polir. Et pensez-vous que cela se puisse sans y toucher ?

Demandez au sculpteur, s'il y touche! Oh ! je le sais, sa main est délicate comme celle d'un harpiste. Mais, à part cela, Seigneur! quels biceps et quel poignet! quel coup de ciseau, et quel coup de marteau! Il frappe comme un sourd! Et si jamais sort de là quelque chef-d'œuvre, ce n'est qu'après achèvement qu'on affichera autour :

Prière de ne pas toucher !

Et le médecin ! Et le chirurgien ! Croyez-vous qu'ils guérissent leurs malades par téléphone ? Rien que d'y penser, on sent déjà s'enfoncer

entre ses côtes des doigts nerveux et tenaces
qui ne respectent rien : « Oh ! là ! là ! Monsieur
le Docteur !

Prière de ne pas toucher !

Et, avec la désinvolture d'un Bob quelconque
en train d'ouvrir le ventre d'un caniche en
carton, (et un peu plus de dextérité aussi)
frrrt.... c'est fait ! Tout est décousu, taillé, coupé,
rajusté, refermé, recousu !....

. . . .

Prière de ne pas toucher !

Mais que ferait-on à ce compte ? On laisse-
rait les microbes maîtres de la place. En voilà,
Mademoiselle, qui vous malmèneraient à belles
dents, et se riraient bien de vos protestations et
de vos étiquettes :

Prière de ne pas toucher !

Et ce sort vous attend, si l'on ne taille pas
vos angles, si l'on ne rabote pas votre nature,
si la main de sculpteurs bienfaisants ne polit
pas vos aspérités ; si quelque chirugien expert
n'attaque pas vos défauts sans pitié ni merci,

pour sûr, vous serez envahie, dévorée, par les microbes des âmes, bien plus redoutables que ceux des corps !

Voyons, Mademoiselle, vouez-vous à Sainte Barbe s'il vous agrée, mais que ce soit pour ne plus exploser désormais. Enlevez définitivement cet écriteau si gênant pour les autres et si désastreux pour vous :

Prière de ne pas toucher !

*
* *

Les fabricants de soierie, lorsqu'ils exposent à l'envie du public les reflets chatoyants de satins immaculés, ont plus de raisons, eux, de redouter le contact de doigts profanateurs et salissants....

Prière de ne pas toucher !

Vous aussi, mon Enfant, vous aurez bien raison de redouter les taches. Vous avez à défendre, du contact d'un monde profanateur, pureté plus belle, blancheur plus délicate et plus fragile, que celle d'aucun lis ni satin.

Pourtant faudrait-il s'entendre : ne pas craindre les taches toutes également, ni de la même façon. Certaines, beaucoup plus ! Et d'autres, pas du tout.

Ne mettez pas votre divinité à ne rien savoir faire. La vie n'est pas destinée à se passer en grande toilette. Il faut savoir par instants ôter ses gants et déposer ses atours. Les reines, autrefois, le savaient.

Elles filaient la quenouille comme de simples bergères. Nausicaa lavait à la fontaine les tuniques d'Alcinoüs. Mademoiselle Rébecca, jeune fille de grande maison, ne dédaignait pas d'offrir à boire aux chameaux d'Éliézer ! Sainte Catherine de Sienne, familière des plus hautes questions de la philosophie et de la théologie, tournait la broche et pétrissait le pain dans la cuisine de son père. La baronne de Chantal surveillait elle-même ses granges et ses greniers. Ses mains, comme celles d'Élisabeth, reine de Hongrie, connaissaient par cœur le contact des haillons les plus sales, et des plus horribles plaies !

Bien mieux, mon Enfant ! Toutes ces nobles dames tenaient ferme que leur meilleure noblesse consistait à se rendre utiles, et à pratiquer, mieux que tous les autres, le bien sous toutes ses formes.

Aujourd'hui, Mademoiselle, nous avons changé cela. La noblesse, pour beaucoup de jeunes filles, tient tout entière dans la pancarte :

Prière de ne pas toucher !

Quoi ! Savoir compter des serviettes, rapiécer des chemises, repriser des bas ! Nous nous croirions déshonorée !

La cuisine ! quelle horreur ! l'odeur seule lui cause d'affreuses nausées ! Elle serait très humiliée d'avoir seulement à porter elle-même, pour aller au cours, son carton ou son rouleau de musique ! Il lui faut un laquais pour ouvrir les portes devant ses pas !

Passer sur la terre en reine, qui ne daigne y toucher, mais vers qui tout accourt pour la servir sur un simple signe, quelle jolie pose !

Holà, casseroles, torchons, chaudrons et marmites, plumeaux et balais, ô objets vulgaires, ne souillez pas les mains d'une divinité d'un autre monde, de passage en celui-ci seulement pour recueillir des hommages et rencontrer des adorateurs ! Passez au large, vous allez lui mettre des taches.

Prière de ne pas toucher !

Un vieux chevalier qui s'y connaissait en

noblesse, vous eût fort bien appris, mon enfant, que le travail ne tache pas.

Si quelque chose nous humilie, c'est le sot orgueil, la paresse vaniteuse, et l'inutilité: « Point n'est tache, fors d'honneur ! »

Et ce serait une grosse tache à votre honneur, qu'être bonne à rien ! Ne la supportez pas. Ne craignez plus les taches du travail, elles ennoblissent. Fuyez celles du mal, elles déshonorent: « Point n'est tache, fors d'honneur ! »

Là oui, sachez le dire, et fermement : Passez au large !

Prière de ne pas toucher !

Or ces demoiselles, si sensibles aux pierres du chemin, si jalouses de défendre leur main d'ivoire des nobles taches du travail, sont-elles toujours aussi craintives à l'endroit d'autres taches moins visibles aux hommes, mais trop souvent ineffaçables sur les âmes? Boue séduisante du monde ! Taches que le mal imprime indélébiles sur le cœur qu'il a touché !

Oui, mon enfant, il est en vous une divinité intangible, un sanctuaire sacré ! Divinité qui n'est plus la vôtre, mais qui vient de plus haut. Celle-là, pour la défendre, l'âme chrétienne se redresse, au besoin l'épée à la main, et s'écrie à plein cœur :

Prière de ne pas toucher !

Vous entrez dans le monde, mon enfant. Du matin au soir vous y entendrez vanter l'Art, la Beauté... Prenez garde à ce que ces mots signifient !

Ah ! l'Art ! l'Art ! la belle chose sans doute, mais qui n'est pas tout dans la vie ! Ou plutôt, parlons juste : Pauvre art, qui ne vise que l'extérieur, et ne fait que des « objets d'art », brillants, mais égoïstes ; vaniteux et fragiles ; coûteux et inutiles ; dangereux et malfaisants trop souvent !

Vous, mon enfant, aimez l'Art divin qui transforme l'âme, l'élève, la fortifie, la garde pure et bonne, délicate et dévouée. Cet art la livre à la vie, armée d'une espérance indomptable, d'un inlassable amour, d'un courage d'airain. Il lui ouvre immense le champ des Beautés vraies et éternelles, qui s'appellent vertus. Voilà l'art, le vrai. Et il n'écrit pas, bien au contraire, sur ses œuvres faites pour la vie :

Prière de ne pas toucher !

La vie est un combat. Voulez-vous être prête ? Ne soyez ni fragile, ni susceptible, ni dégoûtée, et ne craignez de taches que celles du mal.

Ne redoutez, Mademoiselle, ni la lutte qui couronne, ni le travail qui ennoblit. Entrez casque en tête et cuirasse au cœur !

Voyez-vous d'ici ce que serait devenue la gloire de Jeanne d'Arc, si la bonne Lorraine eût été ce petit bibelot d'étagère en verre soufflé, qu'un courant d'air renverse, et qu'un changement de température fait voler en éclats ? La voyez-vous entrer dans la lice avec une bannière portant, au lieu de : « Jésus ! Marie ! » cette recommandation intéressante :

Prière de ne pas toucher !

Elle s'est contentée d'y descendre l'épée en main, avec ces deux mots. Ce fut assez pour elle. Cela suffira pour vous. Ils disent assez éloquemment à tous :

Prière de ne pas toucher !

Allez, Mademoiselle, soyez de ce style, il est bon ! Marchez, brave devant le travail et la peine, forte parce que vous serez à Dieu. Que vos pieds, courageux aux épines, ne touchent point à la boue de ce monde.

Le mal s'attaque en se jouant aux pauvres petites poupées fragiles, il se plaît à l'horrible divertissement d'en faire ses victimes profanées. Mais vous voyant passer si forte et si haute, il respectera le Dieu qui défend en vous son tabernacle, et lui crie avec vous :

Prière de ne pas toucher !

DÉFENSE D'AFFICHER !

SOUS PEINE D'AMENDE !

Voilà qui se comprend !

Car enfin, Mademoiselle, d'où tiendrait-on le droit de nous « tirer les yeux ? » Eh ! quoi, on nous aveugle de criardes affiches multicolores, et nous devrions les absorber de force, ou choisir autrement d'aller les yeux fermés !

Et s'il nous plaît, à nous, de vivre yeux ouverts ? Serons-nous donc obligés de savoir par cœur : les potages de celui-ci ? le cacao de celui-là ? les biscuits d'un troisième, et les semoules d'un quatrième ? Et les pneus ? et le dentifrice ? et le cirage ? et la moutarde ? qui tous, évidemment, sont le suprême du genre !

Ah ! oui,

Défense d'afficher !

Qu'on ne nous tire pas les yeux !....

Mais, s'il nous plaît d'aller les yeux ouverts,

pourquoi davantage serions-nous obligés de les avoir « tirés » par l'éclat de Mademoiselle Ixe ? Est-ce un devoir pour nous d'absorber sa réclame ?

Le potage, la moutarde et les cornichons s'affichent, et ils ne sont pas seuls ! C'est à Mademoiselle Ixe, bien plus qu'à eux encore, que doit s'appliquer la loi du 29 juillet 1881 :

Défense d'afficher, sous peine d'amende !

*
* *

Un commerçant consciencieux ne respecte rien. Avant tout qu'on voie sa réclame ! qu'on la sache par cœur ! Qu'elle s'enfile dans tout œil qui s'ouvre à la lumière !

Il s'installe partout ! Tout lui est bon : Une maison neuve ou vieille, ruine vénérable ou petite bonbonnière toute fraîche, le piédestal d'un grand homme, ou les voûtes d'un Métro, ou les cloisons d'un kiosque ou les portes d'une cathédrale....

Ils envahissent tout ! Il n'y a plus d'art, il n'y a plus de nature ! Plus de paysage à regarder le long des trajets du chemin de fer ! Il n'y a plus que de la réclame et des affiches !

Et si cela ne vous suffit pas d'en avoir à
droite et à gauche tout le long des murs, et
contre les maisons jusqu'aux toits, on vous en
mettra par terre, sur les trottoirs, à coups de
tampons en caoutchouc ; on en habillera des
voitures ; on vous fera bousculer par un mo-
nôme d'hommes-sandwichs ; tandis que des
distributeurs complaisants vous bourreront de
prospectus les mains et les poches....

Voyons, mon enfant, que serait-ce ? On nous
emprunterait notre propre personne pour y
coller des réclames, si la loi ne nous protégeait
pas, et ne nous permettait de nous écrier, de
temps en temps au moins : « Ah ! Halte-là !

Défense d'afficher sous peine d'amende !

*
*　*

Que voilà bien Mademoiselle Ixe ! Elle ne le
cède en rien aux commerçants ni aux colleurs
d'affiches ! Elle apporte à sa réclame la même
rage, elle cultive la même ubiquité !

Le soleil lui fait pitié. Le pauvre astre ! qui
ne peut briller, faire son petit effet et tirer les
yeux, que sur la moitié de son monde à la
fois !

On peut mieux que cela ! Et on le fait.

A la ville, à la campagne, à la plage, au Bois, au théâtre, au Salon, à l'Auto, au Grand-Prix, ou à la Messe de onze heures, elle est partout ! C'est elle, toujours elle, là, devant vous ! c'est elle la pièce voyante, qui malgré vous s'impose, écrasant tout le reste !

Il n'y a plus de tableaux, il n'y a plus d'acteurs, il n'y a plus d'église ni d'office, il n'y a plus de plage ni d'océan.... Il n'y a plus que Mademoiselle Ixe et sa réclame !

« Lui ! Toujours Lui ! » disait Victor Hugo parlant de Napoléon.

Allons, Napoléon ne sera plus tout seul !

. . . .

Mademoiselle Ixe a dépassé de beaucoup les commerçants modernes. Elle est bien plus terrible ! Eux, ne peuvent accaparer que nos regards, et la loi les arrête au seuil de la propriété privée.

La propriété privée ? Mademoiselle Ixe ignore ce que c'est que cela. Sa grande ambition est même justement de l'envahir.

Elle n'affichera pas qu'aux dépens de nos yeux, sa toilette et sa personne, sa taille, son bras, son pied, sa chevelure et sa main. Elle encombre toute une société de ses talents. Elle affiche d'une façon très exerçante, aux dépens de nos oreilles, une voix puissante et vertigineuse, une science redoutable du piano. Elle affiche, aux dépens de notre cerveau, un esprit qui ne tarit pas. On est tout étourdi de son brillant, de ses saillies, de ses réparties.

Comme celle des commerçants, et plus encore, sa réclame vise à l'effet nouveau, pour vaincre l'apathie et forcer l'attention. Mais à ce jeu, on tombe bien vite dans le goût douteux, le bluff, l'extravagance.

Ah ! Mademoiselle ! quelle mise ! quelles modes ! quelle musique décadente ! quel langage nouveau siècle ! quel américanisme dans votre réclame !

Vos frais vous ruinent, Mademoiselle :

Défense d'afficher sous peine d'amende!

*
* *

Défense d'afficher sous peine d'amende!

Loi du 29 juillet.

C'est une loi, mademoiselle, vous entendez ? Sans doute, nous le savons : les jeunes filles estiment généralement que les Chambres ne travaillent pas pour elles. Elles se moquent pas mal des Chambres !

Les jeunes filles, mademoiselle, n'ont pas toujours raison.

Les Chambres sont sages parfois, surtout celles de jadis. Croyez bien qu'elles n'ont pas, sans motifs, érigé en loi ce principe :

Défense d'afficher !

Ce fait mérite au moins votre considération.

Réfléchissez, vous faites fausse route. Vous ne changerez pas les humains. Êtres libertaires, ils n'aiment pas ce qu'on leur impose. En particulier, ils détestent qu'on prétende forcer leur admiration, et prendre d'assaut leur enthousiasme. Ils chérissent au contraire les talents, les vertus et les beautés, qui se laissent chercher et découvrir. L'affection se complaît dans le mérite d'avoir compris et deviné son trésor.

Laissez-les faire, ne les épuisez pas !

Nous goûterions un plaisir extrême à contempler votre personne. Mais ne nous en éblouissez pas ! ne nous en obsédez pas ! ne nous en aveuglez pas !

Laissez-nous du repos. Nos yeux seront plus aptes à l'admiration, si vous n'abusez pas de leurs forces, en leur présentant sans cesse : d'autres toilettes, d'autres couleurs, d'autres éclats, d'autres charmes. Et pour finir, toujours la même marque, un grand magasin qui ne veut de clients que pour lui !

Dans votre intérêt même, permettez-nous un peu de reprise et d'autonomie, sous peine d'entendre tout à l'heure sortir des poitrines, oppressées, suffoquées : « Ah ! non ! assez ! assez !

Défense d'afficher sous peine d'amende

. . . .

Vous avez bien lu ?

Sous peine d'amende !

La terre est petite, chacun y veut sa place. N'en tenez pas trop ; les autres vous accuseraient de la leur prendre !

Sans scrupule, Mademoiselle, vous affichez de ci, de là, à gauche, à droite..... Eh ! malheureuse enfant ! Vous affichez sur le mur d'autrui ! La réclame de Mademoiselle Ixe couvre la réclame de Mademoiselle Igrec !

Attendez donc, on vous la fera payer, votre réclame, et la place que vous voulez prendre ! Vous paierez en critiques, vous paierez en moqueries, en petites vengeances, en calomnies, vous paierez en larmes. La jalousie venimeuse vous fera sentir, si elle ne vous le dit pas, qu'elles ont raison les Chambres et la loi du 29 juillet :

Défense d'afficher sous peine d'amende !

*
* *

Encore, si l'affichage et la réclame garantissaient l'excellence du produit !

Nous vous dirions : Affichez donc !

Mais fiez-vous y !

A des gens qui consacrent tant de frais et de soins à la réclame, reste-t-il beaucoup de temps pour soigner la qualité de la marchandise ? Tant d'art employé à nous éblouir n'aurait-il de raison d'être, que l'insignifiance de la réalité ?

« Les alouettes, dit-on, se prennent au miroir, et l'humanité aussi. » — Pas tant que cela, Mademoiselle ! La réclame sans fondement ne prend que les naïfs. Les gens sensés se méfient des réclames. A leur avis, la bonne marchandise n'a pas besoin de tant de bruit et de parade. Vrais amateurs, ennemis du faux, ils ont bientôt fait de s'y reconnaître, et d'estimer les choses à leur prix.

Ayez une valeur, Mademoiselle, d'elle-même elle se fera suffisamment sa réclame. Mais, de grâce, n'offusquez pas de votre éclat les regards des gens sérieux, vous y perdriez leur estime ou les rendriez terriblement prévenus et difficiles.

Défense d'afficher sous peine d'amende.

Ont-ils tort? L'expérience ne démontre-t-elle pas que la montre n'arrange point les articles qu'on lui confie? Tout objet qu'on affiche se fane avec une déplorable rapidité. Le regard du soleil dévore les couleurs, leur ravit toute fraîcheur et toute délicatesse. Les regards des humains sont plus corrosifs encore. Ils fanent les cœurs. Les âmes toujours en montre sont bien vite évaporées, usées, passées, elles ne gardent plus ni fraîcheur ni parfum.

La réclame peut servir le marchand, elle vous trahit, Mademoiselle. Lui n'a pas besoin que nous croyions à son dévouement ni à son bon cœur. Il n'en a cure. Avant tout son porte-monnaie, et que ses frais lui rapportent, nous le savons. Et il n'a rien à y perdre.

Mais vous, vous y pouvez perdre beaucoup.

Tant de zèle à mettre en valeur son petit

moi, dit trop bien l'importance excessive qu'on lui attribue. Les frais de Mademoiselle Ixe n'affichent à nos yeux que suffisance et égoïsme, c'est-à-dire étroitesse, vide et nullité de cœur. Elle n'est occupée que d'elle-même, elle ne songe qu'à vous montrer son esprit, ses traits charmants, sa valeur, le bon goût de sa mise. Ses compliments les plus flatteurs n'ont pour but que de multiplier sa réclame en vous envoyant répéter partout : « Je ne connais pas de personne plus aimable. »

Et vous vous en allez vous contentant de sourire, et de soupirer tout bas : « quelle creuse petite créature ! »

*   *
*

Défense d'afficher sous peine d'amende !

Dans une bonne pensée de charité, vous aviez pris des billets à la loterie.

Généralement la chance vous ignore. Sincèrement ! vous ne comptiez pas gagner.

La fortune a ses caprices, elle s'est souvenue de vous cette fois. Un beau jour, cent mille francs ont dégringolé par votre cheminée !

Quelle avalanche ! et quel bruit !

Dans votre surprise, un cri vous est échappé :
« Ah ! le gros lot ! »

Malheur à vous ! le voisinage en a tremblé.
Votre concierge vous salue. Le facteur est ob-
séquieux. Les agents vous montrent du doigt.
Les aveugles vous reconnaissent. De tout Paris
les culs-de-jatte vous poursuivent, ils vous at-
tendent aux coins des rues ! Malheur à vous !
les apaches auront bientôt flairé l'aventure...

Comment vous tirerez-vous de là ?

Défense d'afficher sous peine d'amende !

Ces choses-là ne se racontent pas, Mademoiselle ! Quand pareil accident vous arrive, on se
ferme la bouche, et l'on court se cacher !

Un capitaliste sort de chez son banquier tout
doublé de billets de mille, il se garde bien de
l'afficher sur son dos ! La réclame peut aider à
bâcler des affaires, point du tout à trouver des
placements de confiance, à mettre en sûreté des
capitaux !

— Avis : *Un beau million à placer !*

Il en accourrait, de tous les points de l'horizon, des nuées d'aigrefins et de filous !

Et voilà pourtant la manœuvre de milliers de jeunes filles...

Elles prétendent, en affichant leur personnage, trouver l'heureux placement de leur avoir en biens et en personne. Et.... de tous les points de l'horizon, accourent, à l'éclat de la réclame, les aigrefins et les filous gantés qui briguent l'honneur de votre confiance !

Défense d'afficher sous peine d'amende !

Les capitalistes n'affichent pas.

Défense d'afficher

Si vous voulez disposer en paix et sécurité, de trésors que trop d'intéressés grillent de partager avec vous.

Défense d'afficher sous peine d'amende !

Que paieront un jour votre bonheur gâché, votre pauvre cœur trompé, votre malheureuse bourse éventrée par le jeu et les fêtes. Au nom du peuple français, la Chambre l'enjoint surtout aux porteurs de rentes et aux jeunes filles ;

Défense d'afficher sous peine d'amende !

. . . .

Digne Monsieur, qui vous promenez là-bas, cherchant pour l'avenir une compagne dont le cœur soit à vous, ne passez pas indifférent devant la loi du 29 juillet 1881. Elle vous intéresse autant que Mademoiselle Ixe.

Vous désirez, dites-vous, une affection forte et profonde ? Ne prenez pas Mademoiselle Ixe.

Qui vous fera croire qu'elle appartienne jamais à d'autre qu'à elle-même et au public ?

Vivre pour vous ? elle ? — C'est pour le public et pour elle-même, qu'elle vit et règne ! Pour lui, qu'elle sort. Pour lui, qu'elle rentre. Pour lui, elle se pare et se montre. Pour lui ! Toujours en quête, comme l'afficheur, du carrefour où passe le plus du monde, du point où peuvent atteindre le plus grand nombre d'yeux. Pensez-vous, qu'attentive à tant de gens, il lui reste à vous offrir, Cher Monsieur, beaucoup de son temps ou de son âme ?

Si Mademoiselle Ixe ne comprend pas la loi du 29 juillet 1881, Cher Monsieur, méditez et comprenez pour elle la sagessse de ces deux mots qui la résument :

Défense d'afficher !

A moins.. ! Que vous ne vouliez, comme Mademoiselle Ixe, et avec elle, avoir un jour à payer les amendes !

APPARTEMENT A LOUER

En ce monde, rien n'est à nous, Mademoiselle. Nous ne sommes que des locataires, à bail court, ou plutôt sans bail. Le souverain Propriétaire peut nous mettre à la porte du jour au lendemain et sans avis.

Or, par profession, le locataire est mécontent. Son appartement lui déplaît, il en cherche un autre. Depuis des siècles, des milliers d'architectes ont tenté de le satisfaire. Vain effort! On le cherche encore l'

Appartement à louer !

Depuis des siècles pareillement, le souverain Propriétaire offre aux humains des milliers de demeures en des sorts différents. Qui donc est content? On le cherche encore l'

Appartement à louer !

Celui où l'on pourrait vivre enfin, où logerait avec nous ce fantôme, de tous le plus rare à revenir, que vous appelez : le Bonheur !

* * *

Terrible maladie ! Elle tourmente très particulièrement, à les en faire mourir, les jeunes filles. Oui, ces jeunes filles rieuses et parées, qui passent en chantant, dans l'éclat de leurs dix-huit ou vingt ans ! Elles sont malheureuses !

Et que vous manque-t-il donc, Mademoiselle, dans une demeure si charmante ?

Ne voyez-vous pas que les vieilles personnes qui ont vécu, envient votre âge et votre sort ? Après avoir essayé de tout sur la terre, c'est encore à votre place qu'elles voudraient revenir, s'il leur était permis de choisir à nouveau et de garder à leur gré un

Appartement à louer !

— « Ah ! Monsieur, ce qui nous manque ? Vous ne connaissez pas toutes les peines des jeunes filles !

Mal logée... Pour mon compte, je n'ai jamais

été autrement. Je n'ai pas de chance. Le bonheur n'est pas fait pour moi.

— Pour vous comme pour les autres, ma pauvre Enfant. C'est-à-dire à deux conditions :

le payer ce qu'il coûte

et s'en contenter comme il est.

Car, pour se trouver bien logé, il faut y mettre le prix, puis supporter bravement les défauts de sa demeure, aucune n'en est dépourvue.

Telles ne sont pas généralement les dispositions du locataire :

* *

Appartement à louer !

Sur cette invitation, une locataire en peine interpelle le concierge.

— « Visiter? Peuh !... ce n'est pas très utile. »

Elle accepte parfois. Souvent, elle s'en tient à l'exposé de principes :

— « D'abord, pas de rez-de-chaussée ! Jouir de tout le bruit de la rue ! Être à la merci des passants ! Absorber leur poussière !

— Justement, nous avons un cinquième.

— Ah ! Délicieux ! Une maladie de cœur en

six mois ! Et le vertige! Vous n'auriez pas plus
haut?

— Alors, Mademoiselle, à l'entresol?

— Jamais, par exemple! Les voyageurs de
l'impériale inspectent dans votre assiette! Et
que les locataires du dessus jettent de l'excé-
dent, ou secouent un tapis par la fenêtre, vous
n'en perdez pas un atôme!

— Mais... si Mademoiselle ne veut ni en haut,
ni en bas...?

— Si fait! J'aimerais en haut pour être à l'air.
Mais je déteste monter.

— En face, Mademoiselle aurait l'ascenseur.

— Sans doute. Et le plaisir de le payer !

— Sur la cour, Mademoiselle aurait moins
cher.

— Quelle bonne idée! Dans un puits! Grand
merci. Je veux quelque chose de gentil, et de
gai. Mais pas cher! De la vue et du mouvement,
mais pas de rue bruyante et agitée.

Je veux un appartement au soleil en hiver,
à l'ombre en été.

Un appartement très bien et bon marché.

Un appartement qui... »

— Enfin, qui nous connaît un

Appartement à louer?

Vous êtes bien difficile, Mademoiselle. Aux conditions que vous posez au propriétaire, il est à craindre que vous soyez mal logée toute votre vie.

Si nous pouvions vous tirer de là. Voyons, dites-nous vos peines, peut-être pourrons-nous leur trouver un remède?

— Ah ! Monsieur, le premier malheur de notre logis, comme de bien d'autres, ce sont les voisins. Quelle institution parfaitement gênante !

Moi par exemple, tout mon entourage le fait exprès de me faire de la peine. On m'accable de continuels reproches. On ne sait qu'inventer pour me contredire et me contrarier. On me brusque. On se moque de moi. On dit du mal de moi. On ne me comprend pas du tout !

— Effectivement, j'ai connu une vieille demoiselle qui en disait tout autant. D'après elle, tout ne vivait que pour la persécuter. « Oh ! les voisins ! le fléau du monde ! s'écriait-elle. Ils ont un genre ! Et une façon de me regarder ! et de s'occuper de moi ! »

Et pourquoi aussi vous occuper tant d'eux?

Mais c'était lui demander trop. Elle ne pouvait se passer de se croire le centre des préoccupations d'autrui. On frappait au-dessus :

« C'était pour la taquiner ». On clouait au-
dessous : C'était pour l'empêcher de dormir ».
Une porte claquait : « C'était pour ses nerfs ».
On se mettait à la fenêtre : « C'était pour la
narguer ». On ne s'y mettait pas : « C'était
pour lui témoigner du mépris ! »

A l'en croire, on chaussait des souliers à clous
exprès pour piétiner au-dessus de sa tête. On
y faisait des kilomètres. On se relevait la nuit
pour y traîner des meubles avec fracas.

Elle déménageait pour changer de voisins...
Chose épouvantable, arrivait-elle ailleurs, tous
les voisins nouveaux devenaient semblables
aux précédents, souvent pires ! Et ceux d'en
face faisaient chorus avec ceux de dessous, de
dessus et d'à côté !

Certaines jeunes filles changeraient ainsi
tous les huit jours : de milieu, de famille,
de compagnes, d'amis, de pays même, elles
ne rencontreraient partout que des persécu-
teurs !

Et que pensez-vous qu'il lui arriva, la chère
demoiselle ?

— Elle finit par aller loger à Charenton ?
direz-vous.

— Tout juste! mon Enfant. Et c'est là que

vont aboutir fatalement ceux à qui n'a convenu
ailleurs aucun

Appartement à louer !

Les voisins ! Mais que feriez-vous sans eux ?
Que de bienfaisants voisins nous ont ornés du
meilleur de nous-mêmes ! Père, mère, maîtresses
et professeurs, sœurs et frères, cousins, cou-
sines, amis et connaissances, ils nous ont éle-
vés, formés, ils ont redressé notre caractère.

Et dites-nous tout bas : Pourriez-vous faire
un long bail dans quelque Thébaïde, où vous
n'auriez de voisins que les oiseaux dans les
hauteurs du ciel ?

Le soir même, vous reviendriez à votre appartement, conter à tous vos voisins l'horrible
ennui qui vous eût dévorée.

Ils sont gênants ? On vous l'accorde. Voulez-
vous qu'ils le soient beaucoup moins ? Occu-
pez-vous très peu de ce qu'ils font ou pensent.
Voulez-vous qu'ils ne le soient presque plus ?
Sachez vous entendre avec eux. Vous êtes
intraitable ! Cédez-leur quelquefois, ils vous
cèderont à leur tour.

Enfin, renoncez à la palme du martyre. Votre malheur ? Mais quand il ne vient pas de vous seule, cette pose à la persécutée le double certainement. Être mal, on souffre une fois, cela suffit. Mais cette conviction d'être persécutée verse un mauvais venin dans toutes vos plaies.

Alors on goûte l'isolement, l'abandon, la rancune, la jalousie, la haine, la soif rageuse de la vengeance. Tout cela, parce qu'on se proclame martyre! Au lieu de constater qu'on est logée comme tout le monde. « Car il n'est pape ni roi dont la demeure soit parfaite et tous les désirs satisfaits ici-bas (1). »

*
*

— Ah! si j'étais comme tout le monde, Monsieur! Mais non. Il n'y a qu'à moi que de pareilles choses arrivent. Je suis seule à être si malheureuse !

Un

Appartement à louer !

J'en connais un, qui m'aurait plu énormé-

---

(1) Imitation de Jésus-Christ. Livre 1er, Chapitre 22, verset 1er.

ment. Malheureusement... Il est pris. C'est
l'appartement des autres...

Quand je vois tant de personnes autour de
moi, qui ont tout pour être heureuses ! Et que
j'établis la comparaison... !

— Et vous ne pourriez pas vous passer d'établir la comparaison ?

Cela ne vaudrait-il pas beaucoup mieux ?

Oh ! la jalousie ! Merveilleuse puissance pour
nous rendre malheureux ! Cette enfant qui a
tout dans son lot pour être heureuse, en est
incapable depuis qu'elle a regardé chez autrui !

Naïve demoiselle ! leur appartement est
comme le vôtre. Il a ses défauts, ses jours d'obscurité et de tristesse.

Vous le trouvez charmant ? Évidemment !
Vous y passez dix minutes, il ne vous offre
qu'extraordinaire et nouveauté. Restez-y quinze
jours, vous y rencontrerez la même monotonie
que chez vous.

Vous enviez le bonheur des autres ? Mais
écoutez-les donc : que disent-ils de vous, s'il
vous plaît? Ils vous voient, et vous jugent très
heureuse. Ne faites-vous pas tout pour le pa-
raître à leurs yeux ?

Vous leur jouez la comédie... Ils vous la
jouent de même !

Vous les dupez... Ils vous dupent à leur tour !

Et vous vous laissez faire ?

La vanité des autres, comme la vôtre, fait parade des beautés de leur demeure, du salon brillant où le public est admis, afin d'entendre murmurer sur son passage : « Oh ! qu'elle est heureuse! Oh ! qu'elle est bien logée ! » Mais chez tous, allez, existent par derrière d'autres pièces, fermées celles-là, où se cachent les misères, les peines, qui ne soulèveraient pas les mêmes admirations.

— Peut-être avez-vous raison, monsieur. Quoiqu'il en soit, il nous reste une espérance.

Toute jeune fille fait au moins un grand déménagement dans sa vie. Et j'espère bien qu'au-delà.... enfin ! on respirera. Je le vois là-bas tout rayonnant, l'écriteau consolateur :

Appartement à louer !

— Ah ! Mademoiselle ! Mais vous aurez un bail ! à per-pé-tui-té ! Fini alors, de déménager tous les termes ! Il faudra bien vous trouver heureuse.

— Oh ! ce jour-là c'est différent. Je suis très sûre que je saurai m'arranger.

— Toujours la même illusion, mon Enfant. On se voit bien là où l'on n'est pas. Pour cela, deux appartements vous plaisent toujours : Celui des autres, et celui de... plus tard. On se promet d'y vivre reine et maîtresse. Ah ! voilà la maison où loge le bonheur !

Toujours le locataire de profession. Un logement lui plait, tant qu'il n'en a pas essayé. Une visite, une entrevue, il a trouvé ! il est radieux ! C'est bien ce qu'il lui fallait ! Il se « toque. »

Hélas ! A peine emménage-t-il, les déceptions commencent. Il n'avait pas vu ceci, prévu cela. Trois mois après, la place n'est plus tenable... Il re-rêve de déménager !

Ne vous « toquez » pas trop vite, Mademoiselle. Vous ne déménagerez plus, soyez prudente ! Regardez-y à deux fois, avant de quitter votre nid de jeune fille, et d'arrêter pour la vie un

Appartement à louer !

— Eh ! Monsieur, il faut pourtant bien faire ses plans d'avance, et réfléchir à ce qu'on désire !

— Généralement, mon Enfant, vous réfléchissez beaucoup trop. Trop aux perfections prétendues, pas assez aux charges certaines, de ce futur appartement. Gare aux déceptions !

En abordant l'existence, les demoiselles vingtième siècle sont si convaincues qu'on leur doit le pays de Cocagne, qu'elles se heurtent, dès le premier jour, à mille désillusions. Elles trouvent immédiatement insupportable une vie sérieuse, difficile, remplie de devoirs !

Cela n'aide pas à les « loger ». Des centaines de jeunes gens, mesdemoiselles, quand on leur parle de vous, répondent :

— « Oui je connais ! Une charmante personne, qui regardera de très haut tout ce qui n'est pas l'Art et la Mode.

Il faudra la servir comme une Romaine. Elle rêvera Cannes en hiver, la montagne en juin, la mer en été, la forêt en automne. Et avec cela, Madame sera toujours bien malheureuse ! »

Ont-ils raison ? Je vous laisse juge. Mais, sous peine de désillusions certaines, n'entrez pas dans la vie en affamée de jouissances égoïstes et de bonheur sans effort. Vous verseriez bientôt des larmes trop amères et sans noblesse. Mettez votre bonheur à faire œuvre grande et belle, fallût-il pour cela vous y sacrifier. Apportez au travail et à la lutte commune une âme courageuse. Et pour savoir le faire

plus tard, apprenez dès maintenant à aimer
votre sort.

Vous cherchez l'idéal

Appartement à louer?

Laissez la demeure d'autrui, et celle de plus
tard. Cultivez l'art de vous trouver bien chez
vous.

Pour cela d'abord, il faut le vouloir. Car comment être heureux chez soi, si l'on se dit sans
cesse qu'on ne peut l'être qu'ailleurs?

Puis, attaquez-vous à vous-même. Changez
d'âme, mademoiselle, et non de logement !

L'Imitation le dit — avec une variante ! —
« Changez de domicile, descendez ou montez,
logez sur le nord ou sur le midi, à Belleville
ou aux Champs-Elysées, vous trouverez la croix
partout. Car partout... vous vous porterez
vous-même avec vous ! » (1)

Le grand mot est lâché ! « Vous vous porterez vous-même ! » Le locataire fait l'agrément
de sa demeure, et non la demeure le bonheur
de l'habitant.

Donc votre premier mal et le vrai, voulez-vous

---

(1) *Imitation* : Livre 2ᵉ, chap. 12ᵉ, verset 4.

le savoir, mon Enfant ? Vous avez toujours été bien logée !

— Ah ! par exemple !

— Mais parfaitement ! Toute votre vie, on vous a dorlottée, gâtée. Cela vous a rendue si difficile, que maintenant, partout, vous vous trouvez très mal.

Vous rappelez-vous cette originale, qui voulait un appartement sans mouches? Elle ne pouvait pas les souffrir !

Ou cette fameuse princesse d'un conte allemand, (1) dont on reconnut l'authentique noblesse, à quoi? Dans son lit, sous quatre matelas, un pauvre petit pois lui faisait si mal, qu'elle n'en pouvait plus dormir !

Ah ! princesse! S'il suffit d'un petit pois ou d'une paire de mouches pour vous rendre malheureuse, évidemment vous le serez souvent !

Mais à qui vous en prendre ? Devenez plus ferme avec vous-même! Endurcissez ce moi qui vous crucifie !

Sachez supporter quelque chose sans désespoir et sans tempête.

Mais au moindre désagrément, Mademoiselle

----

(1) Contes de Grimm.

entre en fureur. Elle bouscule son entourage et
le met en détestable humeur. Elle crie, elle
frappe ; comme une énergumène, elle met en
miettes tout ce qui l'entoure pour un détail qui
lui déplaît.

Total ? Sa demeure est toujours en déplorable
état. Autour d'elle règne un désastre perpétuel
sous une atmosphère lugubre de tempête. Elle
affirme que c'est inhabitable ? on la croit !
Mais la faute à qui ?

Triomphez de vous-même, mademoiselle, si
vous voulez la paix.

Ne rêvez plus d'

Appartement à louer,

si vous traînez avec vous les microbes morbides
qui vous forcent à fuir votre logis actuel :
vos désirs qui vous rongent, vos mélancolies
qui vous minent, vos pressentiments sans raison
qui vous enfièvrent, vos impatiences qui vous
dévorent ! Et la mollesse, qui s'ennuie, faute
d'un intérêt sérieux mis dans la vie ! Et le dé-
sordre ! Et l'égoïsme ! Et la susceptibilité !

Allons, mademoiselle, un coup de plumeau,
et passez cet assortiment par la fenêtre !

Mais si vous déménagez avec ce mobilier dans

votre voiture, de grâce, mon Enfant, restez
chez vous, ce sera tout pareil ailleurs. Laissez
où il est le joli petit

Appartement à louer !

Ètes-vous décidée à ce balayage ? Alors, il y a
de l'espoir. Écoutez et écrivez :

Recette pour se trouver bien chez soi.

ARTICLE PREMIER. Se tourner du côté du jour.
Voir les choses et les gens du bon côté.

— Quelle idée !

— Pas si simple, Mademoiselle. Vous agissez tout au rebours. Le moindre défaut des âmes
efface à vos yeux toutes leurs qualités. Le
moindre désagrément dans la vie vous fait
oublier tous vos trésors.

Votre œil reste rivé sur ce qui vous blesse
ou soi-disant vous manque, et pendant ce
temps, tout ce que vous possédez de bon, de
privilèges, d'affection, de grâces, de richesses...
Rien ne compte plus !

Et votre appartement vous paraît sombre !
Rien d'étonnant, vous tournez le dos à la lumière ! Obstinément vous ne voulez voir que
les ombres. Faites demi-tour, l'aspect du paysage changera.

Laissez ce qui vous manque, il vous manquera toujours quelque chose. Sachez voir vos richesses, vous en aurez assez. Mais ne leur jetez pas un regard de blasée, méprisant ou distrait, comptez, contemplez, savourez d'un long et attentif regard. Alors vous aurez de la joie plein le cœur. Vous embaumerez votre demeure d'un parfum exquis de reconnaissance envers Dieu et les vôtres, qui vous aiment et vous comblent.

Mais la reconnaissance est une pièce absente du mobilier de beaucoup de jeunes filles, et pourtant la première nécessaire au bonheur.

ARTICLE SECOND. Pour vous plaire chez vous, mon Enfant, répandez-y la joie. Faites-y régner l'ordre et la paix qui rendent tout gai et agréable. Mettez-y le courage et le travail qui chassent l'ennui, et donnent le contentement d'une vie bien remplie.

Là-dessus un rayon de soleil, mademoiselle. Les âmes n'en ont qu'un. Puisez en Dieu la lumière et l'amour qui transfigurent et réchauffent. Puis, devenez vous-même le soleil de votre demeure. Pour que tout vous sourie, souriez la première. Rayonnez, autour de vous, cette bonne chaleur de cœur qui fait sur notre passage tout vivre, sourire et chanter. Plus d'appartement d'égoïste, étroit et renfermé. Que l'affection et la reconnaissance viennent murmurer sous votre toit, parce que vous serez aimable et compatissante. Soyez bonne, et vous serez heureuse.

Vous devez en connaître, de ces belles âmes gracieuses. Elles semblent avoir, à leur profit, capté les sources du bonheur. On les contemple avec envie : « Qu'il doit faire bon loger dans cette âme-là ! »

Enviez-les, celles-là, Mademoiselle ! Bien mieux, imitez-les !

— Ah ! dites-vous, c'est difficile !

— Comment ! Toujours ! Des joies, mais pas d'effort ! Un palais, mais sans payer ! Demeurer au-dessus du vulgaire, mais sans monter !

Mademoiselle, les choses coûtent ce qu'elles valent. Les joies se paient. Comme on fait son lit, on se couche.

Le loyer vous paraît trop cher ! Payez, payez donc, puisque vous avez des ressources plein le cœur.

N'habitez jamais de ces maisons modernes, où le concierge vous avertit : « Maisons sans chiens, sans fleurs, sans oiseaux et sans enfants ! » Maison, dites-vous, sans bruit, sans soucis, sans fatigue, et sans gêne. Parfait !

Maison aussi sans vie, sans gaieté, sans art et
sans amour. — « On y jouit d'une telle tranquillité ! » — Oui de la tranquillité du tombeau !
et aussi de son morne ennui et de sa froideur
glacée ! Vous rêvez de bonheur, mademoiselle :
Payez et logez haut ! Votre âme, née de Dieu,
pour se trouver à l'aise, a besoin d'air, de très
grand air.

Montez, montez encore ! De l'air, et de la
vue !

L'air et la vue font aux trois-quarts l'agrément d'une demeure. De l'air d'en haut et la
vue sur le ciel ! Devant vos yeux, l'immense
horizon de votre Éternité. Et regardez souvent
vers cette heureuse patrie, afin de supporter
ce qui manque à la terre...

Voilà comme on vous souhaite un

Appartement à louer

Car ne cherchez plus en ce monde de demeure, ni stable, ni parfaite. L'article manque,
ma pauvre Enfant. Adressez-vous quelques
étages plus haut !

* *

Une chercheuse de bonheur consultait un

jour le curé d'Ars. Difficile et gémissante, elle avait essayé de tout, et ne se trouvait bien nulle part.

« Allez au Ciel, ma fille, lui répondit le saint Curé. Là seulement vous n'aurez plus envie de changer ! »

Ah ! mon Enfant, c'est à tous les humains, qu'il aurait pu le donner, ce bon conseil : « Allez au Ciel ! » Car, quelle que soit votre chance sur la terre, là-haut seulement vous trouverez selon toute l'étendue de vos rêves un

Appartement à louer !

BEWARE OF PICKPOKETS !

MÉFIEZ-VOUS DES VOLEURS !

Il y a bien des genres de voleurs. Quelques-uns sont morts, n'en ayez pas peur.

D'autres sont bien vivants. Et vous les rencontrerez, mon enfant, si vous n'avez pas déjà fait leur connaissance !

Ils sont morts, les voleurs de grands chemins, qui livraient assaut aux diligences comme à des châteaux forts, les armes à la main.

Ils sont morts, les Cartouche, qui dégringolaient par la cheminée, à la veillée, aux pieds des dames du XVIIe siècle.

D'autres sont bien vivants encore : cambrioleurs entrevus dans des rêves, l'échelle sous le bras, la pince à la main, le visage noirci ou masqué, dévaliseurs de villas, filous, qui s'introduisent nuitamment chez le bon propriétaire endormi.

Pourtant, ce n'est pas de ceux-là que vous

parle le bienveillant écriteau de nos gares de chemins de fer.

Non, mademoiselle, on ne vous prêche pas d'avoir des peurs d'enfants gâtées qui, le soir, entendent partout des voleurs, et ne dorment pas tranquilles, si elles n'ont d'abord regardé sous leur li... Vous êtes une vaillante ; il ne s'agit pas de ces voleurs-là.

Méfiez-vous des voleurs !

De cet autre genre de voleurs, bien vivants, bien modernes, qui ne fracturent ni portes ni fenêtres, qui n'iront pas cambrioler votre maison, mais qui tournent autour de vous mêlés à la foule, et rêvent de cambrioler bel et bien votre personne !

Ah ! cette fois, oui, voyageuse inexpérimentée, qui n'êtes encore qu'au début du voyage,

Méfiez-vous des voleurs !

Quand le voyageur novice débarque à la capitale, tout frais émoulu de son honnête province, apportant avec lui son bas de laine et son inexpérience, il se sent perdu. Un immense besoin s'empare de lui, de s'appuyer sur un autre, de se faire éclairer et conduire..... Tout comme le voyageur novice, au seuil de la grande vie, la jeune fille éprouve un intense besoin de donner sa confiance, de s'appuyer, d'avoir un guide.

Le voyageur naïf confie sa bourse. La jeune fille confie son cœur. Son cœur, c'est sa grande richesse pour le voyage ! Son cœur, ce sera sa force ; son cœur, c'est sa destinée ; son cœur, c'est sa vie ; son cœur c'est tout elle-même.

Un homme expérimenté qui porte une richesse se méfie de tout le monde. Bien des jeunes filles, chargées de leur richesse, semblent n'avoir qu'une hâte : la confier au premier venu !

Méfiez-vous des voleurs !

— Quoi ! me direz-vous, au premier venu ?
— Oh ! non certes, elle a soin de choisir ! On ne se confie « qu'à un ami..... »

Beware of Pickpokets !

Ecoutez bien.

A peine le voyageur novice, perdu dans la

gare, a-t-il jeté à droite, à gauche, ses regards inquiets et embarrassés, il voit venir à lui un homme aimable, bon compagnon, plein de prévenances. En deux minutes notre voyageur découvre en lui un excellent... son meilleur ami !

Et il ne faut qu'une heure de plus, pour que cet ami soit devenu... un voleur !

Beware of Pickpokets !

. . . .

La valise, la bourse, la confiance et les illusions de notre homme se sont envolées à la fois !

Et aussi, que l'écriteau de la gare ne disait-il clairement : Méfiez-vous des gens aimables ! et non pas :

Méfiez-vous des voleurs !

Non, mademoiselle, le plus voleur de tous n'est pas celui qu'on pense !

D'instinct vos coudes se serrent, lorsque dans la foule vous frôle le voyou mal vêtu, mal coiffé. De celui-là pas besoin de vous dire :

Méfiez-vous des voleurs !

Cela se fait tout seul ! Pourtant ce mal pei-
gné n'est pas le plus dangereux. Souvent même,
ce dehors déplaisant vous cache un honnête
homme.

Méfiez-vous, mademoiselle, justement de celui dont vous ne vous méfiez pas !

Méfiez-vous du voleur habile, poli, aimable,
prévenant, louangeur, si bien ganté, si bien sty-
lé, si chic en un mot.

Ah ! l'adroit et séduisant voleur ! Ce n'est
pas lui qui commettra la maladresse de vous
effrayer, ou de vous attaquer par la force ! Il
est bien plus facile, et meilleur, de se faire
votre plus sûr ami !

Et où pourriez-vous mieux placer votre confiance ? Que de charmes dans son sourire ! Dans
ses manières, que de grâce ! Que de séductions
dans son esprit, et de beauté dans son âme ! Il
n'a sur les lèvres qu'Art, Idéal, Confiance, Bonheur, et Poésie !

Ah ! mademoiselle,

Méfiez-vous des voleurs !

La jeune fille est comme le novice, tous ses
voleurs sont ses amis.

C'est qu'ils sont si habiles aussi, à vous offrir

des placements de toute confiance ! Pauvre enfant ! Vous ne savez, ni ne pouvez savoir encore, comme il est difficile de bien placer sa fortune et sa confiance ! Hélas ! vous l'apprendrez !

Méfiez-vous des voleurs !

Nul n'excelle comme eux à faire miroiter, dans la plus désastreuse affaire, un merveilleux placement.

— « Oh ! celui-ci est incapable de me tromper ! Je puis avoir en lui une absolue confiance ! Il n'est pas comme tout le monde. Et si vous le connaissiez, vous diriez tout comme moi ! »

— Mon enfant, on vous dirait, comme l'écriteau de la gare :

Beware of Pickpokets !

Méfiez-vous des voleurs !

* *
*

Méfiez-vous. Tous les voleurs ont bonnes jambes. Quand ils sont en route avec notre bien, rarement la police les rattrape. La justice va à pas de tortue, la police est sa cousine.

Quelquefois cependant elle rejoint un voleur, presque jamais le bien qu'il a volé.

Mais vous, pauvre voyageuse, ne comptez même pas sur elle ! Vos voleurs, à vous, échappent plus que tous les autres à sa juridiction, ceux-là, elle ne les rattrape jamais !

Il ne reste donc qu'une ressource : Éviter les sanglots inutiles et les désespoirs superflus.

Méfiez-vous !

Méfiez-vous !

Méfiez-vous des voleurs !

*
* *

Méfiez-vous ! Oui ! si seulement vous saviez vous méfier ! Or, voilà justement la difficulté !

Mais non, on ne se méfie pas ! Bien au contraire, on a la prétention de s'y connaître et de pouvoir aller de confiance.

— « Laissez, laissez, et croyez-moi, je m'y connais, je ne m'y laisserai pas prendre ! »

— Et comment n'y seriez-vous pas prise ?

A quoi vous y reconnaîtrez-vous ?

Rien ne ressemble tant à un honnête homme qu'un voleur !

Aussi retenez-le : ils vous duperont... toujours !

— « Mais je verrai bien... »

— Vous ne verrez rien du tout.

Allez, allez, ils sont plus forts que vous. Plus
vous aurez de raisons de craindre, moins on
vous en laissera de vous méfier.

— « Cela fait froid dans le dos ! Voleur à
droite, voleur à gauche, et tous masqués ! Dites-
moi alors à quoi les reconnaître ? »

— A rien du tout, vous dis-je !

Vous n'avez qu'une ressource. Elle gît dans
ce trait de mœurs commun à tous les voleurs,
et qui vous aidera à vous méfier, et à vous défendre :

Les voleurs ont l'horreur : des témoins, des
surveillances, et des enquêtes ! Voilà le signalement du voleur.

Il leur faut, pour opérer, l'obscurité ou la
solitude.

Vous isoler, vous priver de conseils, vous en-
traîner à l'*a parte*, constitue toute leur tactique.
Faites le grand jour, invitez des témoins, parlez
haut, le voleur se sauve !

Mademoiselle, ne ressemblez plus au provin-
cial, qui tremble du gendarme, et se fie au voleur.

Aimez qu'on vous surveille et qu'on vous conseille.

Vivez au plein jour, et le voleur s'enfuira.

*
* *

Méfiez-vous des voleurs !

Mon enfant, où en êtes-vous de l'observation de ce conseil ?

Un voleur, ne serait-ce pas celui à qui vous avez confié la clef, et plus de la moitié de vos richesses : « Mais vous ne voulez pas qu'on le sache ! » — Au voleur !

— « Et il vous supplie de ne rien dire ! » — Au voleur! au voleur !

— « Et vous le direz sûrement, mais plus tard ! » — Ah ! vous êtes en plein dans les mains du voleur ! Appelez de la police, il n'est que temps ! et dès aujourd'hui, profitez de cet avis capital pour maintenant et pour toujours !

Beware of Pickpokets !

Mademoiselle,   *Méfiez-vous des voleurs !*

LES SALLES D'ATTENTE

SONT OUVERTES EN PERMANENCE

aux Voyageurs munis de leur Billet !

Quel bonheur, Mademoiselle ! Les salles d'attente sont ouvertes en permanence !

Cela ne vous comble pas d'aise ? Ne trouvez-vous pas que la salle d'attente est un lieu plein de charmes, le vestibule de l'inconnu, l'antichambre de la liberté ? Sa porte ouvre sur l'immensité sans limites ! On s'y sent lancée déjà !

Les salles d'attente sont ouvertes !

Quel bon air il vient par là ! Un seul mais, sans quoi cet avis serait tout un poème :

Les Salles d'Attente sont ouvertes en permanence

...aux Voyageurs munis de leur billet !

Il faut avoir son billet ! Tout est là. Le bon bourgeois de Province, casanier, qui ne se rend à la gare que pour voir passer le train, en guise de digestion, ne comprend rien à la salle d'attente. Non plus que la fillette trop jeune pour voyager.

Avez-vous votre billet, Mademoiselle ? Êtes-vous du nombre des voyageuses toutes prêtes à partir, à s'élancer même vers l'avenir qui leur ouvre ses portes ?

Si vous n'en êtes pas là, passez cet article, il n'est pas fait pour vous. Nous ne voulons de lecteurs aujourd'hui que des voyageurs munis de leur billet, de ceux à qui :

Les salles d'attente sont ouvertes en permanence.

* *

— Monsieur, pour aujourd'hui, nous n'allons pas nous entendre. Si vous voulez mon avis, la salle d'attente est une invention parfaitement stupide !

Attendre ? Et pour quoi faire ? Est-ce donc si drôle d'attendre ? Tenez... Il y a des mois qu'on vous promettait un charmant voyage. Votre tête en bouillait d'ardeur et d'impatience.

Votre imagination scintillait de décors nouveaux entrevus à l'avance, dont le voile va tomber. Vous comptiez les jours et les heures ! Vous n'en avez pas dormi de la nuit ! Dès ce matin, on vous a fait mettre sens dessus dessous, on a bousculé votre pauvre bagage et votre malheureuse personne. Vous arrivez courant et soufflant, des paquets sous chaque bras, votre billet à la main, enfin ! on touche au but ! il ne reste plus qu'à partir !...

Tout cela pour entendre un employé flegmatique vous déclarer avec une indifférence crispante : « Cinquante minutes de retard,

Les salles d'attente sont ouvertes en permanence

aux voyageurs munis de leur billet ! »

Il est amer ! Et malgré moi, toutes les trente secondes, il me prend des rages de sauter à la gorge du chef de gare en lui criant : « Eh bien, mais ! Dites donc ! Est-ce qu'on ne va pas partir bientôt ? »

Et voilà la vie de jeune fille !

Pendant dix-neuf ans de notre existence on nous a poussées, pressées, chauffées ! On nous a, sur tous les tons, pressé de grandir et d'être

prêtes! On nous en a empilé des bagages !...
classiques, littéraires, artistiques et autres.
On nous a fait mettre sens dessus dessous !
Nous arrivons toutes courantes et essoufflées...
Puis, quand nous en sommes là, à dix-huit
ans, à vingt, tout ce qu'on nous offre, c'est :

La salle d'attente est ouverte en permanence !

Et ça dure plus de cinquante minutes !

On reste là des mois et des années, son bagage sur les bras, sa valise à la main, les yeux
sur une voie toute prête, et qu'on ne prend
jamais... Trop grande pourtant pour sauter à la
corde en attendant, on est là, bonne à rien, et
ne sachant pas comment cela finira !

Eh bien là ! Elle est mourante la salle d'attente ! Voilà ce que j'en pense. C'est l'âge assommant dans la vie de jeune fille. Et toutes
mes amies pensent comme moi !

— Ma pauvre enfant, vous avez raison sur
certains points. La salle d'attente est un endroit légèrement triste, mélancolique.

— Si vous accordez cela, au moins vous nous
comprenez. Chose qui n'arrive pas toujours !
Le plus souvent on nous accable de reproches
par dessus le marché, parce que... nous nous

ennuyons ! Est-ce notre faute, tout de même,
si nous grandissons ?

La salle d'attente est ouverte !

Mais c'est faux ! Elle est fermée ! renfer-
mée ! On y étouffe ! Et l'on s'y ennuie parce
qu'on y étouffe ! On se sent le besoin d'une
vie plus large, plus dévouée, de quelque chose
de plus à soi, dans ses affections, dans ses actes.
Tout demande du large : la tête, l'activité, le
cœur... Non, non, pas du tout ! Restez tranquille, Mademoiselle :

Les salles d'attente sont ouvertes en permanence !

Demandez ce qu'il en pense, au petit oiseau
déjà grandelet, emprisonné dans un nid, qui
tous les jours devient trop étroit. Il n'a plus
assez d'espace ici. Il se sent pousser des ailes. Il
voit sourire devant lui la campagne, parée des
fleurs et du soleil de mai. S'il pouvait dire ce
qu'il éprouve, il dirait comme nous, j'en suis
sûre.

On nous appelle ingrates, sans cœur... Pauvre
oisillon, est-ce sa faute s'il grandit ? Allez, cela
lui fait assez mal au cœur, de tout quitter pour

partir. L'abîme lui semble bien vaste, pour ses ailes encore si jeunes. Et pourtant, hélas ! le cher nid de son enfance devient trop petit. Il n'y tient plus. Il y étouffe. Malgré lui, cela manque d'espace, d'air et de vie !

Oh ! cette salle d'attente !... Coudoyer sans cesse des inconnus d'hier destinés à devenir tout à l'heure, au petit bonheur, d'inséparables compagnons de toute la route !

Puis, si l'on pouvait nous y laisser tranquilles ! Mais jamais ! A tout moment on vient nous énerver encore en nous parlant mal à propos de partir. A chaque instant retentit un appel qu'on croit pour soi. On se lève, on se hâte, le cœur s'en mêle et vous bat, on a des émotions, croyant que ça y est, qu'on a son train...

Ah ! oui ! fausse alerte ! Celui-là n'est pas pour vous ! Rasseyez-vous, Mademoiselle :

Les salles d'attente sont ouvertes en permanence !

aux voyageurs munis de leur billet !

Je vous en prie, ne m'en parlez pas davantage, rien que d'y penser j'en ai des rats dans la gorge !

— Ne vous énervez pas, mon enfant. Rien

ne rend le temps long comme l'impatience.
Voulez-vous qu'il passe vite ? Employez-le uti-
lement.

Que de bien à faire autour de vous ! Le temps
c'est de l'argent : ne le laissez pas se perdre.
Notre siècle vous a rendu hommage, sous mille
formes il a fait appel à ce cœur, à cette activité inemployés des jeunes filles. Il leur offre
dans des œuvres si belles et si bonnes, le plus
noble de tous les emplois. Faites aujourd'hui le
bien pour lequel il vous restera plus tard moins
de temps.

Deuxièmement, sachez vous trouver bien où
vous êtes. Profitez de la situation. Attendre
n'est jamais très amusant ; généralement cela
peut devenir très salutaire.

— Ah ! par exemple !

— Parfaitement mon enfant. Cette salle d'attente, vous la calomniez ! Elle n'est pas exquise,
convenons-en. Est-elle cependant si dépourvue
d'utilité ? Si vous saviez le prix de ces derniers
courts instants que vous trouvez si longs !

Vous partez pour bien longtemps, mon enfant. La salle d'attente, vous allez la quitter,
vous ne la reverrez plus. On ne recommence
pas sa vie de jeune fille, n'en perdez rien.

Regardez ce colonial, qui part bien loin,

comme vous, se fonder une nouvelle patrie. Il
emploie ses derniers instants à reviser armes et
bagages. Il est si rare qu'on parte sans oublier
quelque chose ! Vous, êtes-vous bien sûre d'être
prête, d'avoir tout ce qu'il vous faut? Revisez votre
bagage. Vous êtes sage et sérieuse maintenant,
votre raison a mûri, vous commencez à senti·
la gravité du départ. Vous pouvez amasser des
trésors dans ces derniers instants. Nombre de
jeunes filles, jusque-là irréfléchies, y réparent
des années d'oublis et de négligences. La plu-
part y accomplissent le meilleur de leur prépa-
ration. Ne restez plus à languir. Vite, Mademoiselle, à l'œuvre, travaillez, amassez, complétez
votre bagage, tandis que

Les salles d'attente sont ouvertes en permanence

aux voyageurs munis de leur billet !

— Vous arriveriez à nous la faire aimer ?

— Peut-être, mon enfant. A vous la faire respecter en tout cas.

Tant de salles d'attente sont des lieux sacrés,
qu'on devrait transformer en oratoires ! Que de
gens se sont séparés là pour ne se plus revoir
sur la terre ! Là, que de mains se sont pressées

pour la dernière fois ! Que de baisers qui furent inconsciemment l'adieu suprême ! Que de paroles banales ou folles lancées en riant dans le bruit du départ... et qui furent les dernières !

Plus qu'aucune autre, votre salle d'attente à vous, mon enfant, revêt ce cachet de religieuse grandeur.

Ferez-vous bon voyage ?..,

Reviendrez-vous bientôt ?...

Quel est l'inconnu qui vous attend ?...

Ah ! que de bonnes prières, et que de recueillement mérite cette attente !

Nous reviendrons ! nous reviendrons ! dites-vous ! Dieu vous entende et vous ramène ! mais vous ne serez plus la même. Nous pouvons revenir, le passé ne revient pas avec nous. Non, vous ne serez plus la même, et les choses aussi auront changé.

Quand vous reviendrez, voyageuse si pressée, retrouverez-vous beaucoup des biens que vous méconnaissez aujourd'hui ? Non, vous ne revivrez plus vos bonnes joies de jeune fille. Laissez donc vos larmes d'impatiente. Riez donc ! goûtez à l'aise ces bonnes folies, où l'on se sent encore enfant pour tout de bon et pour les dernières fois.

Ce que vous ne retrouverez plus ? Vos si

franches, si douces, si intimes amitiés. Vos compagnes s'en iront, voyageuses comme vous. Où ?
Dieu le sait ! Pour tant d'amitiés de jeunes filles,
le mariage c'est la mort !

Ne demeurez plus inconsciente au milieu de
tant de trésors, mon enfant. Jouissez des dernières heures d'une première vie ; de leur calme,
de leur liberté. Jouissez de l'affection des vôtres.
Riez, aimez, priez ! Savourez, afin de vous rap-
peler ; afin que plus tard, le souvenir et l'écho
de ce bon temps fassent monter un sourire à
vos lèvres, à votre cœur le parfum du passé.

Voyageuse, voyageuse, profitez à pleine âme,
pendant qu'il en est temps encore, de ce que

Les salles d'attente sont ouvertes en permanence

aux voyageurs munis de leur billet !

*
* *

— Evidemment, Monsieur, vous avez raison
et nous le savons bien. Si nous pleurons, allez,
ce n'est pas que du désir de changer de place.
Tant de séparations et d'inconnu tiennent leur
bonne place dans notre mélancolie.

Pourtant, quand le train a trop de retard !...
Qu'on voit partir tout le monde autour de soi..,

Puis, que soi-même on attend... on attend... comme sœur Anne, sans voir rien venir !...

Il faudrait une patience d'ange pour résister à l'ennui, à l'aigreur, au désir d'en finir !

On voit, dans la salle d'attente, des jeunes voyageuses qui bâillent, qui trépignent, qui deviennent d'une humeur massacrante. Elles importunent tous leurs voisins, leur demandent à tout propos s'ils ne leur voient pas leur affaire, leur train dis-je. S'il ne va pas bientôt venir ? Si ce n'est pas celui-ci qui leur est destiné ?

Pour conclure, elles se déclarent prêtes à prendre le premier venu pour en finir, préférant les pires sottises à la prolongation démesurée de cette irritante constatation :

Les salles d'attente sont ouvertes en permanence!

aux voyageurs munis de leur billet !

— Ces jeunes personnes feraient assurément mieux, Mademoiselle, d'employer leur temps à méditer la suite de notre avis. La connaissez-vous ? *Toutefois, Messieurs les voyageurs sont priés de s'informer, avant de prendre place dans un train, si le dit train est bien celui qui doit les conduire à destination !* »

En d'autres termes : Soyez prête à partir, mais réfléchissez avant de vous lancer. Et dès qu'autour de vous on criera : « Voilà le train ! » ne vous précipitez pas au hasard.

Il n'est pas question de prendre le train : mais « Vous mènera-t-il à destination » ?

Vous voilà fort réjouie de ne plus attendre, de vous installer bien à l'aise, de vous sentir lancée : « Enfin, nous y sommes donc ! Et nous allons changer de place ! » Mais jusqu'où cette joie ira-t-elle comme cela ?

L'express vient de partir. A peine en marche, il roule vite déjà. Une jeune dame se jette à la portière : « Arrêtez ! arrêtez ! je me suis trompée ! » Et la grosse machine n'entend rien, elle court, elle court ! Vous voilà bien avancée d'être montée si leste en voiture pour traîner, d'interminables lieues, les chagrins inévitables lorsqu'on a malheureusement manqué

Le train qui doit vous conduire à destination !

Renseignez-vous, Mademoiselle, et deux fois plutôt qu'une. Mûrissez votre jugement et votre choix. Renseignez-vous auprès de ceux qui connaissent la ligne et la valeur des trains. Et si le renseignement n'est pas favorable, n'hésitez pas : plutôt que de faire fausse route, restez chez vous ! Et souvenez-vous que c'est pour leur donner loisir de réfléchir, que

Les salles d'attente sont ouvertes en permanence

aux voyageurs munis de leur billet !

Désormais donc, aimez votre salle d'attente, mon enfant. Croyez-le, elle a du très bon. Vous la regretterez un jour.

Pour vous faire plaisir cependant, nous vous souhaitons qu'elle n'abuse pas de votre patience. Vous allez la quitter, supportez un dernier avis.

Quand votre train sera parti, qu'il vous emportera là-bas, vers l'avenir, ne soyez pas égoïste, oublieuse et cruelle. Ne vous absorbez pas dans les premières joies du voyage. Songez à tous ceux que vous laissez ici. La poste fait tout exprès la doublure du chemin de fer. Envoyez une part de votre âme à tant de cœurs amis, pleins de vous tandis que vous les oubliez. Revenez souvent, toujours aimante, au père qui vous a tant gâtée et vous pleure en silence, à la mère, aux sœurs, aux compagnes, dont la douce affection vous

fît trouver moins longues, et peut-être char-
mantes, les heures si facilement moroses, où

Les salles d'attente sont ouvertes en permanence

aux voyageurs munis de leur billet !

CRÊME FOUETTÉE!

GLACE A RAFRAICHIR!

Le crèmier d'en face est un distingué philosophe.

Ou serait-ce vous, Mademoiselle, qui lui avez suggéré de tenir à la disposition de sa clientèle ces deux marchandises dont l'une appelle l'autre, et que, dans l'usage, on ne devrait jamais séparer:

« *Crême fouettée,*

Glace à rafraîchir. »

. . . .

— « Vous aimez la crème fouettée? — A en mourir!

— Prenez garde, c'est très dangereux. Il y a des gens qui en meurent en effet. Des millions tous les jours s'en rendent très malades, c'est certain.

Votre aveu en cette matière ne m'étonne pas, car généralement cette passion sévit surtout chez les jeunes filles.

Bref, le crémier d'en face, en commerçant finaud autant que brave homme, a pris en pitié ses clientes. Il s'est résigné, quoique avec peine, à gagner double sur elles, en leur vendant à la fois le contrepoison et l'objet dangereux :

« *Crème fouettée,*

Glace à rafraîchir. »

*
* *

Vous n'ignorez pas, Mademoiselle, comment s'obtient la crème fouettée, ni comment avec un petit pot de crème et quelques coups de baguette bien appliqués, on fait naître une petite montagne. Ah ! il change de figure, le petit pot de crème ! Il se fâche sous les coups. Il mousse, mousse, se gonfle ; il monte, il fait merveilleusement concurrence aux œufs à la neige. Et, à eux deux, ils ne jouissent pas du monopole.

A notre tour, Mademoiselle ! la recette n'est pas perdue. Avec une toute petite affaire et un peu de mouvement, nous ferons aussi bien qu'eux.

En mouvement la sensibilité! En mouvement
l'imagination, le cœur lui-même sait se mettre
en mouvement, fouetter sa petite crème, et d'un
regard ou d'un sourire, battre un énorme roman,
qui ne tiendrait pas en trois cents pages. Pour
certaines jeunes filles, rien n'est petit de ce qui
les touche: sous l'action de leurs moussantes facultés, les moindres faits prennent instantané-
ment de formidables proportions :

Il lui arrive un malheur *épouvantable*, elle
vient d'avoir une peur *horrible*, elle a souffert
une migraine *atroce*, elle éprouve à certaines
heures une tristesse *affreuse*, cette nouvelle lui
a porté un coup *mortel*, elle a été *anéantie*, et
pour s'en remettre elle a eu un mal *terrible*. Je
n'ai pas besoin de vous en faire la confidence,
Mademoiselle s'adonne à la

Crème fouettée!

En bien comme en mal, elle a fait un choix des
mots les plus extrêmes de la langue française,
encore arrivent-ils mal à exprimer sa vie, qui
se passe toute en tragédies ou en ravissements.

Puis la crème fouettée a bientôt fait de
passer par dessus bord, il faut la déverser quelque part, cela se fabrique et se consomme faci-

lement à plusieurs. On fouette encore ses colères, ses émotions ou ses enthousiasmes en confiant les choses comme on les a vues et senties, à une amie choisie *ad hoc*. Et, comme en d'autres travaux, plus on est de monde à la besogne, plus elle va vite et loin.

Et qui ne sait, Mademoiselle, que pour battre tant de crème il faut s'échauffer beaucoup. La crème fouettée est le résultat d'un long et violent mouvement, et le mouvement, disent les physiciens, se transforme en chaleur : le mouvement dans la crème se transforme en chaleur dans l'opérateur.

Ah! je vous crois, qu'on s'échauffe! la tête s'échauffe, le sang s'échauffe, les nerfs s'échauffent, le ton s'échauffe, les doigts tremblent, la sueur perle au front. La poitrine se soulève en soupirs qui menacent de tout briser. Le cœur y bondit à l'étroit. Elle est devenue trop petite, tout comme le vulgaire saladier dans lequel, tout à l'heure, Zélie battait la crème. Et les mamans s'écrient : « Ah! ma fille, que tu aurais besoin de te rafraîchir la tête et les idées! » Ça y est!

Crème fouettée,

Glace à rafraîchir !

Allo, allo! Monsieur le Crêmier, voici le moment de passer au second point!

* * *

— Oui, vous nous ramenez toujours au même programme, il faudrait que nous ne sentions rien!

— Non, non, on ne vous dit pas cela. Le Bon Dieu vous a donné une sensibilité délicate, une imagination vive, une âme ardente, un cœur émotionnable, il avait ses raisons pour cela, vous n'avez rien à supprimer. Exquises mais dangereuses facultés, il s'agit de les contenir pour heureusement les diriger. Il ne s'agit que de les empêcher de battre à tout propos leur petite crème. Car le Bon Dieu vous a donné aussi, à cet effet, une autre faculté, trop volontiers sans usage ou sans autorité chez beaucoup de jeunes filles: la raison, la froide raison, la

Glace à rafraîchir !

* * *

On vous en supplie, mon enfant, ne supprimez rien; mais usez toujours inséparablement de l'une et de l'autre: dès que vous sentez s'échauffer la tête, le cœur, l'imagination, soyez en garde!

Crême fouettée!

Et vite recourez au remède :

Glace à rafraîchir !

On ne veut rien vous faire supprimer; mieux que cela, Mademoiselle, si vous pouvez promettre d'avoir toujours recours au contrepoison, on peut presque autoriser votre faible pour la crème fouettée.

— « Halte-là! s'écrieront les personnes prudentes, ce doit être très malsain ce jeu-là ! »

— Mais non, détrompez-vous: tout au contraire. Vous touchez précisément au point génial de la découverte: Rien de plus propre à vous faire un bon et solide tempérament, à vous apprendre à digérer la vie du bon côté.

À mesure que vous pratiquez la succession

Crême fouettée

Glace à rafraîchir!

il s'opère dans tout votre tempérament moral

quelque chose de posé, de mûri, de délibéré, de juste. Non pas de juste par hasard, mais de la justesse vécue des choses remises au point. De la sensibilité, de l'émotion, du vibrant, de l'enthousiasme dans votre âme, certes oui, mon enfant, il en faut. Si vous en manquiez à votre âge, quand donc en auriez-vous? Sentez donc! Vibrez donc! Quand vous seriez parfois sur le point d'exagérer, l'essentiel est de n'y pas rester.

Oh! si vous en restiez à la crème fouettée, vous seriez irrémédiablement perdue, la tête y passe!

Opterez-vous donc pour la froide raison, les états frigorifiques? Vous mettrez-vous à la glace toute seule? Pauvre demoiselle! d'abord vous n'y tiendriez pas. Puis ce serait désastreux: ça tombe sur l'estomac, et le cœur en gèle en trois jours!

Non, ne soyez ni une emballée, ni une raison antarctique. Ne vous vendez ni à la crème toute seule, ni à la glace à perpétuité: mais à joindre l'une et l'autre, il s'établit entre la tête et le cœur, la froide raison et l'ardente sensibilité, un équilibre dont bénéficie l'être tout entier:

Crème fouettée

Glace à rafraîchir

Partir d'un élan jeune et vigoureux, dépasser la mesure, exagérer peut-être dans un bel enthousiasme ou dans un moment d'ardeur, mais se surveiller, se modérer, réfléchir, puis, expérience faite, tirer des conclusions sages, et aboutir à ce grand calme, d'une âme restée sensible, vibrante, émue, mais qui sait contenir ses émotions, et les empêcher de déborder, peut-on vous proposer meilleur idéal ?

Crème fouettée,

Glace à rafraîchir !

Donnez donc, mon enfant, à votre âme, l'équilibre parfait qui rend la vie calme, juste et pratique, adoptez l'ordonnance selon la formule du crèmier :

Crème fouettée,

Glace à rafraîchir.

**
* **

Qu'avez-vous, que vous est-il arrivé ? Vous voici toute rouge, agitée, un peu plus toute en larmes : on vous a fait un reproche injuste, immérité, c'est toujours comme cela, et vous ne le supporterez pas plus longtemps...

Crème fouettée, mon enfant, *Crème fouettée!*

Réfléchissez et calmez-vous. Cette observation est-elle si injuste de tout point? Sa cruauté ne vient-elle pas surtout de l'amour-propre qui s'irrite? Mettez là-dessus: mi-partie

Glace à rafraîchir !

Demain c'est autre chose. Un sentiment éternel! Rien n'y remédiera, vous n'y pouvez plus rien! D'un regard on vous a volé votre cœur!

Crème fouettée, mon enfant, *crème fouettée!* De nouveau : mi-partie

Glace à rafraîchir!

Puis une timidité, qui bientôt devient une terreur. Non jamais je ne réussirai, inutile de faire tant d'efforts! Et comme à Robert Houdin, on voit l'obstacle qui s'enfle, s'enfle, envahit tout,

Crème fouettée! Crème fouettée!

Encore une fois : mi-partie

Glace à rafraîchir!

Un centime de confiance en Dieu, en vous-
même, et au temps qui arrange tout.

. . . .

Dites-vous-le souvent lorsque vous vous sentez émue, ma pauvre enfant :

Crême fouettée! Crême fouettée!

Et encore, et toujours, du calme et de la raison :

Glace à rafraîchir!

Trois mois de ce régime, et Socrate, auprès
de vous, ne sera qu'un petit garçon; et les Sages
de la Grèce vous demanderont des conseils. A
leur tour ils ne sortiront plus de chez le crêmier.

Je vous dis que ce crêmier fera fortune!

Crême fouettée! Glace à rafraîchir!

Enfin, voilà donc, Madame, le diagnostic et
le remède, si longtemps et vainement cherchés
par tant de médecins! Ce qu'elle a, mademoiselle votre fille, pour être à certaines heures
nerveuse, emballée, irritée, farouche, puis triste,
démontée, anéantie, n'en pouvant plus? Ce

qu'elle a? le crèmier d'en face vous le revèlera tout bas : elle s'adonne à la

Crème fouettée !

Et le remède? — Le remède !

Glace à rafraîchir !

Laissez le médecin, chère madame, ce n'est pas son affaire, il n'y peut rien. Et désormais, ne voyez plus que le crèmier!

METTEZ DIX CENTIMES !

et vous aurez un paquet d'excellentes pastilles !

Elles sont très discutables ces petites machines ! Elles vous font leur prix sans façon. Elles vous invitent gracieusement à payer d'avance. Vous devez prendre leur marchandise de confiance.

— « Mais, pardon, j'aimerais voir ce que j'achète, et être sûr que vous me le donnerez...?

— Non, non ! d'abord

Mettez dix centimes !

et vous aurez un paquet d'excellentes pastilles !

La petite machine ne connaît que cela !
Elle ne donne jamais !
Ou plutôt, elle ne donne rien sans qu'on la paie, et d'avance.
Hors de là, elle est de bronze et de fer.

Les bébés blonds et roses lui rouleront en vain de beaux yeux bleus, touchants, songeurs et pleins d'envie, elle reste inflexible, et fait miroiter, impassible, ses attrayants petits paquets sous la glace bien close :

Mettez dix centimes !

et vous aurez un paquet d'excellentes pastilles !

Mettez dix centimes ! A ce prix tout va bien ! La petite machine devient charmante ; on sent bien encore, à la brusquerie de son mouvement, qu'elle manque de cœur ; vous êtes servi par l'égoïsme, mais enfin vous êtes servi.

... Mademoiselle, j'ose à peine faire le rapprochement !

Est-elle seule de ce caractère ?

Ou n'est-il pas bien d'autres personnes, dont il ne faut rien attendre, si l'on ne s'est soumis à la loi : Payez d'abord !

Mettez dix centimes !

et vous aurez un paquet d'excellentes pastilles !

Extérieur attrayant, mais cœur de bronze et d'acier, ce signalement n'est pas spécial au

seul distributeur automatique ; il est telle jeune
fille, dit-on, qui y répond pour sa part. Dès qu'elle
peut espérer de vous une gâterie ou l'objet qui
la tente, elle devient charmante. Elle accourt à
votre rencontre avec mille gentillesses ; elle est
pleine de prévenances, et songe à tout ce qui
peut vous être agréable ; s'agit-il de vous rendre
un service ? elle, d'ordinaire sourde et paraly-
tique, vous devine et devance vos désirs. Plus
d'airs maussades de chat dérangé de son somme,
mais des sourires et des regards câlins !

Quel malheur, mon enfant, que l'entourage
se récrie aussitôt: «oh ! oh ! qu'y a-t-il donc aujourd'hui ? »

Ce qu'il y a ? — Sous une forme ou sous une
autre, il y a :

Mettez dix centimes !

et vous aurez un paquet d'excellentes pastilles !

Tout bas, entre nous, Mademoiselle, qu'avez-
vous pour être si sage ? Quel est le puissant et
secret ressort de cette héroïque vertu ?

Vous voulez obtenir un cadeau, la sastisfac-
tion d'un caprice ? Peut-être de choisir vous-
même la forme d'un nouveau chapeau? la couleur d'une nouvelle robe ? Vous ambitionnez

peut-être (un coup d'État !) de rompre avec l'ancien régime, et de donner dans quelque mode avancée ? Auriez-vous découvert un bijou qui vous plût ? Gageons qu'il y a du modern-style à la base de votre vertu !

Heureux parents ! vous allez jouir de huit jours de céleste tranquillité !

Voulez-vous assurer votre bonheur ?

Mettez dix centimes !

et vous aurez un paquet d'excellentes pastilles !

*
* *

La petite personne en question ne convoite pas toujours un cadeau : elle a parfois d'autres intérêts, elle en a toujours un.

Petite cousine des fils de Sem, au fond de ses vertus comme de ses caprices, c'est une affaire qu'elle considère, et ce que cela peut rapporter.

Vous n'en tirez quelque chose, que si cela lui plaît, si cela l'amuse, si cela la pose, si cela lui conquiert quelque estime, quelque admiration, quelque succès, ou quelque envie. Elle ignore les élans du cœur, qui donne pour la beauté de donner. Elle vend.

Vous admirez son amabilité ? Non, non, ne vous fatiguez pas ; toute sa générosité, comme celle du distributeur, tient dans ces deux propositions :

Mettez dix centimes !

Oui, mettez dix centimes ! dix centimes de compliments ou de flatterie ; offrez-lui des plaisirs, des joies ou des triomphes, ses amabilités, ses grâces et ses sourires vous sont acquis. Mais malheur à vous, le jour où vous ne pourriez plus rien mettre ; son cœur froid et mercantile n'estime une affection qu'au taux qu'elle rapporte, et ne place son amitié qu'au tant pour cent. Vous retrouveriez de bronze les portes du distributeur, et morts, les plus doux souvenirs d'une amitié, hélas frappée par la fortune !

.   .   .   .

Mettez dix centimes ! et vous aurez...

Encore est-ce bien sûr, Mademoiselle, que nous aurons quelque chose ? Le public en doute un peu. Le Monsieur, qui met ses deux sous, a facilement l'air d'une dupe, et plus d'une fois les témoins se retournent, pour voir si vraiment

Vous aurez un paquet d'excellentes pastilles.

Nous ne dirions trop rien, si l'on nous en donnait toujours pour notre argent. Parfois, il en va tout autrement. Promettre et tenir font deux. L'honnête client lâche sa pièce, écoute attentivement les péripéties de la chute, attend patiemment le choc final, tire religieusement l'anneau, et... ne voit rien venir ! Il lui en coûte pourtant d'être dupé ; il s'escrime, mais en vain, sur le mécanisme récalcitrant, tandis que la petite machine, oubliant les deux sous qui pèsent sur sa conscience, continue à sourire en lettres d'or sa menteuse promesse :

Mettez dix centimes !

et vous aurez un paquet d'excellentes pastilles!

Avant que votre caprice fût satisfait, Mademoiselle, tout en vous était plein de promesse :

Mettez dix centimes !

Mais à peine père, mère, oncle ou tante, eurent-ils payé leur tribut, votre satisfaction fut si

vive, qu'elle vous fit oublier tout le reste !
Même et surtout, la dette restée sur votre conscience.

Un rimeur inconnu l'a dit en méchants vers :

> Une fillette un jour convoitait un boa.
> Petit père aisément le paierait à sa fille,
> C'est si peu malaisé d'exploiter un papa !
> Il fallait, pour cela, n'être qu'un peu gentille.
> On le fut. Le boa fut payé. C'est parfait !
> Que pouvait espérer le papa, de ce fait ?
> Que ce boa, bien sûr, aurait sa récompense !
> Il n'en fut rien hélas ! Car en telle occurrence,
> Le plus serpent des deux n'est pas celui qu'on pense !

Pauvre Monsieur ou Madame ! ce que tant de
regards caressants et d'avances persuasives
vous avaient mis en droit d'espérer, s'envole
avec les rêves ! Vous n'êtes qu'une dupe ! Rien
ne va plus ! Résignez-vous au sacrifice, ce n'est
pas cette fois que

Vous aurez un paquet d'excellentes pastilles !

Oh ! Mademoiselle, ne méritez jamais qu'on
vous applique ces horribles vers ! La petite
machine, nous pouvons lui pardonner ; ce n'est
pas sa faute, après tout, si on ne lui a fait le
cœur sensible qu'aux pièces de deux sous ! Elle
n'est pas libre de mieux faire ! Mais vous, jeune

fille et chrétienne, on ne saurait vous pardonner de demeurer si bas, quand Dieu vous a créée
pour monter si haut ; pour aimer, et mériter
d'être aimée !

Malheur, du reste, au cœur qui prend l'intérêt pour guide ! Il en devient bientôt l'esclave
et la victime.

Qui peut dire jusqu'où l'on glissera, quand
on s'est habituée à mettre le calcul au service
de fous et égoïstes désirs ?

Qui ne sait que l'appât d'un cadeau, la satisfaction d'un caprice, d'un rêve de vanité, ont
souvent entraîné des âmes au plus profond de
l'abîme !

Qui ne sait encore, que dans les plus déci-
sives questions d'avenir, on s'inquiétera peu
de savoir si l'on a rencontré une âme, un cœur,
un homme de conscience, de caractère, de bonté et d'énergie. On s'inquiétera peu de ses idées,
de sa foi !... « Mais pardon, Monsieur, combien
apportez-vous ? » Nous pouvons nous entendre,
il suffit de mettre le prix. Le mariage n'est plus
l'union, pour le temps et l'éternité, de deux
âmes immortelles ; c'est une affaire, c'est un
marché. En des choses plus graves, ce sont toujours les mêmes principes :

Mettez dix centimes.

Et vous aurez...

Ah ! vous aurez ce que vous pourrez, pauvre Monsieur ! Et il est à craindre que vous n'en ayez pas pour votre argent. Car, à ce prix, nul ne peut vous promettre de vous fournir à perpétuité patience, dévoûment, affection à toute épreuve. Délicieuses friandises, on se promet de les puiser dans une âme aimante et aimée, on ne les achète pas !

Comme la dupe du distributeur, cher Monsieur, vous aurez avancé vos capitaux, mais... Vous n'aurez pas toujours

Un paquet d'excellentes pastilles !

Mon enfant, laissez le commerce et ses calculs, cela n'est pas fait pour vous. Otez de votre cœur et de votre diplomatie tout ce qui lui ressemble. Songez plutôt que, répondant aux desseins de Dieu, vous devez préparer en vous le cœur d'une mère ! Y trouverez-vous, le jour venu, de quoi faire si grand ?

Pas plus que celui de Dieu, le cœur d'une vraie mère ne calcule ni ne marchande : il donne! Sans rien recevoir bien souvent qu'ingratitude et révolte, elle prodigue sans compter les richesses de son amour, de son dévouement, de sa tendresse. Elle ignore l'intérêt propre ; et ce n'est que pour l'aimer encore davantage, qu'elle tend la joue au bébé inconscient de ce qu'il coûte, et l'oblige en souriant à payer d'un baiser tant de trésors incompris :

Mettez dix centimes,

ingrate poupée,

Et vous aurez un paquet d'excellentes pastilles !

Dès ce jour, mon enfant, gravez donc dans votre cœur le principe de votre Divin Maître : « Il est plus doux de donner que de recevoir. » (1).

Créez en vous l'habitude des nobles prodigalités, qui doivent être un jour votre caractère professionnel. Donnez beaucoup sans attendre de retour. Tenez plus que vous n'avez promis. « Afin d'être la digne fille de votre Père qui est dans le Ciel ». (2) Et dès ce monde comme

---

(1) Act. des Apôtres 20, 35.

(2) S' Matt. c. 5, 45.

en l'autre, le Maître l'affirme, vous recueillerez
cent fois plus que vous n'aurez donné :

Mettez dix centimes,

Et vous aurez un paquet d'excellentes pastilles!

QUI SOUVENT SE PÈSE

BIEN SE CONNAIT,

QUI BIEN SE CONNAIT

BIEN SE PORTE.

L'industrie est une belle chose, Mademoiselle. Quel mal, par exemple, n'avait-on pas à se bien porter jadis ! Et que de monde il fallait pour cela !

Plus justement, que de monde il fallait pour se bien mal connaître, et se porter encore plus mal ! médecins, chirurgiens, laryngistes, oculistes, orthopédistes, pharmaciens..... etc., etc... Que de monde ! et que d'argent !

Messieurs les ingénieurs ont actuellement de beaucoup simplifié la question : pour deux sous,

Qui souvent se pèse bien se connaît.

Qui bien se connaît bien se porte !

Deux sous, et un pas sur la bascule, voilà au moins qui est simple !

Messieurs les docteurs peuvent partir en vacances, et les pharmaciens fermer leurs officines. Et n'est-on pas bien coupable, et bien à plaindre, d'être encore malade, quand la science et la santé sont à si bon marché !

.·.

Qui souvent se pèse bien se connaît,

Qui bien se connaît bien se porte...?

Cet industriel exagère ! souvent tout le contraire arrive. Les gens qui trop souvent se pèsent et se soupèsent, finissent par se porter très mal, et ne se point connaître du tout.

Vous possédez, j'en suis sûr, parmi vos connaissances, quelqu'une de ces bonnes grosses dames, florissantes de santé, destinées à passer quatre-vingts ans, qui cependant ne sortent pas de chez le pharmacien. Elles l'auraient inventé, si cette bonne idée n'eût germé à d'autres avant elles.

Oh ! Mademoiselle, pour votre bonheur et votre santé même, ne soyez jamais de ces fai-

bles et agaçantes personnes, qui passent le
meilleur de leur temps à se peser, se tâter,
s'ausculter, à s'effrayer des moindres et les
plus naturels incidents de leur vie physique ;
qui s'empoisonnent d'inutiles remèdes ; et, dans
la crainte d'ignorer la maladie dont elles mour-
ront, se font mourir tous les jours de la crainte
de celles qu'elles n'ont pas.

* * *

Qui souvent se pèse bien se connaît,

Qui bien se connaît bien se porte... ?

Cet industriel exagère.

Suffit-il donc, pour se bien porter, de peser
deux cents livres ? vous en doutez, Mademoiselle.

Ces braves bascules doivent certainement rire
quelquefois en dedans. A dix ans les fillettes
en descendent en s'écriant : « Ah ! maman, j'ai
gagné une livre et un centimètre ! » Mais on
n'est pas toujours fillette. On prend de l'âge,
et... l'on perd de la raison. Ces mêmes fillettes,
à dix-huit ans, descendent de la même bascule,
la mine déconfite, et gémissent en dedans :

« C'est affreux, je pèse encore cinq cents grammes de plus ! »

Et vous mentez, Monsieur l'industriel ! qui souvent se pèse, souvent très mal se porte, parce qu'une vanité sotte donne de stupides conseils. Des centaines de vos jeunes clientes, — comme si l'on pouvait jamais se trop bien porter à leur âge, — ruinent pour toujours la plus belle santé, par des pratiques aussi folles que criminelles, et malheureusement connues de toutes..... de peur de s'alourdir, et de ne plus faire concurrence au corselet des libellules.

Fuyez cette dangereuse machine, mon enfant.

Ah ! si vous saviez combien de vos sœurs ont pris, à se trop peser, la maladie d'estomac, de poitrine, ou de plus terribles encore, dont elles sont mortes, ou dont elles ont affligé leur vie !

Allez donc ! souciez-vous moins de votre poids ! Vivez seulement, agissez, marchez, travaillez, ne soyez ni molle, ni si gourmande et difficile ; puis laissez votre nature prendre son normal développement. Des forces, vous n'en aurez jamais trop !

Pesez moins votre corps, et beaucoup plus votre âme. Et cet industriel aura raison :

Qui bien se connaît bien se porte,

Qui souvent se pèse bien se connaît.

* *

La terre n'est qu'un grand hôpital. On ne compte plus le nombre des maladies de notre pauvre corps. Mais que dire des âmes, mon enfant? Hélas! elles se portent généralement plus mal encore. Elles sont pleines de maladies, de fautes, d'affreux défauts, de travers, que les hommes détestent, et que Dieu condamne; nous-mêmes, si nous les voyions avec tout leur odieux, nous n'aurions plus de repos qu'ils n'aient disparu de chez nous. Mais... nous ne nous connaissons pas nous-mêmes.

Pourquoi ? Parce que nous ne nous pesons pas !

Notre amour-propre nous persuade, qu'en toutes choses nous ne saurions que très bien faire ; et nous entassons fautes sur sottises, sans nous en douter, tout prêts à recommencer pour ne nous en être pas aperçus, car seul :

Qui bien se connaît bien se porte,

Qui souvent se pèse bien se connaît.

Encore un mensonge ! Il y a des gens qui se pèsent toute la journée, et ne se connaissent pas du tout. Généralement nul n'oublie de peser ses avantages, et l'on fait bon poids.

L'avare classique passe ses nuits à faire ruisseler son or, de ses mains à la balance, qui lui en dit le prix. Notre âme l'imite, quand elle passe ses jours à peser et repeser ses mérites, ceux qu'elle a, et... ceux qu'elle n'a pas.

Vous la connaissez, Mademoiselle, cette petite voix complaisante : « Que j'ai bien fait ceci ! Que j'ai bien réussi là ! Et puis c'est moi qui... Et c'est pour moi que !... » Cela ne fatigue pas de se peser de cette façon, mais comme cela nous trompe et nous égare !
Non, ce n'est pas ainsi que :

Qui souvent se pèse bien se connaît,

Qui bien se connaît bien se porte.

Ne pesez pas seulement ce qui vous flatte, en

vous. Pesez tout, et pesez juste. Voyez la bascule : elle pèse juste, elle ! Pas de distinctions, pas de préférences, pas de détours, elle ne connaît que la vérité. Dût-il vous en déplaire beaucoup de peser cent kilos, elle vous le dirait courageusement, Mademoiselle, au risque d'encourir vos disgrâces.

Pesez-vous avec la même sincérité et la même franchise, (vous vous y entendez si bien, quand il s'agit d'autrui !) à ce prix seulement :

Qui souvent se pèse bien se connaît,

Qui bien se connaît bien se porte.

*
* *

Sous le porche de nos vieilles cathédrales, d'imposants vieux saints de pierre tiennent une muette assemblée. Dieu, le grand Juge, la préside. Au milieu un ange debout. Et son bras étendu soutient une balance d'un modèle antique. Que fait-il ? La besogne oubliée des humains sur la terre ; il pèse leurs âmes.

Que de gens étonnés dans le plateau de cette balance ! Ils ne se reconnaissent plus. Tel se croyait tant de valeur, et se retrouve si mince !

Tel autre, ici-bas tout cousu d'or, se croyait riche, qui découvre sa misère immense. Ils ne se reconnaissent plus, et sont épouvantés de leurs difformités et de leurs lèpres incurables. Que n'ont-ils su plus tôt se peser au juste poids!

C'est acquis, pour se bien porter, une âme doit se peser, se peser juste, et au moins une fois par jour. C'est un devoir.

Chaque soir, un pas sur la bascule, et dix centimes de temps et d'attention.

Pesez votre journée devant Dieu.

Pesez vos pensées et vos paroles. N'y en a-t-il pas eu de bien légères, de bien frivoles ? De bien lourdes, par contre, en malheureuses conséquences ou en responsabilités ?

Pesez les suites de vos démarches et de vos actions de ce jour. Le bien ou le mal, la joie ou les larmes qu'elles ont semés autour de vous.

Que la conscience est lourde, au soir de certaines journées!

D'autre part vos efforts, vos travaux, le bonheur et le bien répandus, ne forment-ils pas, hélas ! un trésor bien léger?

Pesez encore, dans le calme du soir, tant de grâces, de conseils, d'exemples, de bienfaits à

peine aperçus. Qu'ai-je fait ? — Qu'ai-je valu ?
— Qu'a pensé de moi le Dieu, qui pèse tout
avec justice ?

Ah ! Mademoiselle, vous le sentirez bientôt :

Qui souvent se pèse bien se connaît,

Qui bien se connaît bien se porte !

La vue de vos maladresses, (qui n'en com-
met ?) vous rendra prudente. Le sentiment de
vos propres imperfections vous fera, pour autrui,
miséricordieuse et compatissante. De la fougue,
si facilement folle, de votre jeunesse, vous gar-
derez la grâce et la vivacité, mais pleines de
justesse et de raison. Connaissant les côtés faibles
de votre nature, vous saurez y parer, comme on
a mieux en main une mauvaise monture, quand
on sait d'avance ses défauts.

Cet inventeur a donc raison. Mais pourquoi
se montrer si timide ?

Pendant qu'il y allait d'un bon conseil, il
aurait pu nous le donner en entier !

Voir les fautes passées et les regretter est très
salutaire ; il est un peu tard cependant de se

dire le soir : « J'ai commis une grosse faute ! » ou : « Je n'ai rien fait de bien ! »

Il est un peu tard de s'écrier : « Ah ! j'ai dit une sottise ! » quand la sottise est partie, et déjà loin.

Vous pouvez faire mieux, mon enfant. Pour vous porter tout à fait bien, ne vous pesez pas « souvent », mais sans cesse. Habituez-vous à surveiller au passage vos pensées, vos sentiments, vos paroles et vos actions.

— Quoi ? faudra-t-il établir un octroi à notre porte, et ne plus laisser rien entrer ou sortir sans crier : « Qu'est-ce que c'est que cela ? Qu'est-ce qu'il y a là-dedans ? » Un octroi et un poids public !

— Absolument, Mademoiselle, cela s'appelle s'habituer à réfléchir.

— Mais c'est assommant, de se surveiller toujours !

— Non, pas si difficile qu'il y paraît d'abord. Une petite habitude à prendre. Et lorsque vous aimez quelque chose, Mademoiselle, vous avez bientôt fait de le trouver facile et d'y réussir. Que votre cœur comprenne seulement ; qu'il se mette une fois sincèrement à l'œuvre ; et vous ferez en vertu de merveilleux progrès : c'est pour vous plus que pour personne qu'il est écrit :

Qui souvent se pèse bien se connaît,

Qui bien se connaît bien se porte.

Cet inventeur est un timide, vous dis-je ! Allons, Mademoiselle, une résolution héroïque ! Saint Siméon Stylite, pour se sanctifier, passa trente ans sur une haute colonne ; évidemment on ne peut pas vous conseiller ce genre de sanctification. Mais nous avons aussi bien. N'hésitez pas. Dès aujourd'hui, élisez domicile, pour n'en plus descendre de votre vie, sur la bascule automatique, et nul n'en doute, vous deviendrez une grande sainte, car :

Qui souvent se pèse bien se connaît,

Qui bien se connaît bien se porte !

PAR ICI !

PAR ICI LA SORTIE !

Tout a une fin, Mademoiselle !

Les plus belles choses même ont leur fin, hélas ! — Et cela seul suffirait, pour empêcher de pouvoir vivre en ce monde le parfait bonheur.

Car quelle joie peut être complète, je vous le demande, quand on entend.... là-bas, mais enfin on l'entend, une voix infaillible qui vous crie :

Par ici !

Par ici la sortie !

Quel dommage, par exemple, Mademoiselle, de sortir du charmant entretien, qui nous a conduits le long de plus de cent grandes pages, jusqu'ici !

Nous écoutions au hasard le langage des

criteaux philosophes, si profond parfois. Généralement ils vous parlaient à vous, Mademoiselle, et vous les entendiez de si bonne grâce !

Celui-ci parle à l'auteur. Quel dommage pour cet auteur ! Mais un bon écrivain doit savoir conclure, et sentir le moment fatal, où l'épaisseur d'un volume et la patience de ses lecteurs qui crient en même temps :

Par ici !

Par ici la sortie !

Nous clôturons, Mademoiselle. Encore deux minutes de patience à notre dernière leçon de philosophie.

Tout a une fin, Mademoiselle !

Et.... en « toute chose il faut considérer la fin », a dit La Fontaine.

La Fontaine avait bien raison : considérer la fin, toute la sagesse est là, pour la vie et pour l'éternité ; pour le détail comme pour l'ensemble du voyage.

En toute chose il faut considérer la fin, savoir où l'on va ; et dans tout ce qu'on entreprend, grand ou petit, tâcher de voir où cela mène, et comment cela finira. En un mot la sagesse, la prudence, la raison, sont toutes facultés ou vertus qui n'ont de guide que cette unique indication :

Par ici !

Par ici la sortie !

* *

A propos ! Aimez-vous les souris, Mademoiselle ?... Non ? Vous avez tort ! Elles sont si menues, si souples ; leurs petits mouvements sont si gracieux ! J'aurais cru qu'il devrait y avoir sympathie de vous à elles.

.... Elles sont aussi fréquemment étourdies. Elles se jettent à ce qui leur plaît sans « considérer la fin ». Tout d'un coup... clac ! un choc affreux les ramène à la réalité... la malheureuse bondit en arrière... la porte de la souricière vient de se fermer sur elle !

Pauvre souricelle ! quel émoi maintenant ! Elle saute dans tous les sens, court mille fois le tour de sa prison, tremble de tous ses membres, son cœur bat un effrayant galop.

Elle songe, trop tard hélas, à la question qui devait se poser en entrant ! Elle est perdue,

si quelque âme charitable ne vient la résoudre
pour elle cette question, et lui dire avec com-
passion :

Par ici,

Par ici la sortie !

Ne soyez pas, Mademoiselle, de ces gens en
l'air, qui se jettent au hasard à tout ce qui les
tente ; qui s'engagent, sans considérer l'issue,
dans tout chemin qui leur offre des fleurs. Tout
va bien d'abord, puis tout se gâte, une catastrophe apparaît fatale, et vous les entendez,
effarés, affolés, tout en pleurs, s'écrier : « Ah !
Seigneur ! comment cela finira-t-il ? Et comment
sortir de là ! »

Oui, comment sortir de là ?

Comment sortir de l'inextricable situation
créée par une imprudence d'un instant, une
parole irréfléchie, une légèreté insignifiante en
apparence, ou par une promesse, ou par une
impatience, par tous ces petits cailloux qui font
dévier un monde !

Aussi pourquoi marcher en fou, sans se
demander même : où vais-je ? la seule question
du sage, rarement surpris par la vie, parce qu'il

ne s'engage jamais sans pouvoir se répondre à l'avance :

Par ici,

　　　Par ici la sortie !

*

Mais les sages n'abondent pas en ce monde, et pourrait-on croire en particulier, mon erfant, qu'il soit possible de s'engager dans toute une vie sans se demander où elle mène !

Pourrait-on croire qu'on puisse travailler, peiner, bâtir, pendant quarante, soixante ans et plus sans se demander : qu'en sortira-t-il ? et qu'en restera-t-il, le jour où la grande catastrophe viendra tout anéantir !

Pourrait-on croire que des cœurs puissent s'unir, vivre l'un de l'autre, n'avoir plus de meilleur trésor que cette affection en ce monde, et que de ces cœurs ne s'élève d'abord cette impérieuse question : Mais où courons-nous ensemble ? et pour combien de temps ?

Pauvres gens, ceux qui vivent, travaillent, souffrent, aiment, et meurent sans s'être demandé la raison et la valeur de tant d'efforts !

Car c'est là toute l'histoire de la vie : on

entre, on se salue, on fait route ensemble, on passe, on se quitte et l'on s'éloigne parfois en s'envoyant de joyeux sourires et des signes de la main : « A bientôt ! à bientôt ! »... Et l'on sort pour ne plus se revoir !

Par ici !

Par ici la sortie !

Écoutez-les, comme ils marchent ! ils courent, ils roulent, ils vont vite ! Et au-dessus de tout ce grondement de la terre qui s'agite et qui va, on croit entendre la voix de quelque mystérieux employé, appelant vers le but cette foule en marche :

Par ici !

Par ici la sortie !

* *

Ah ! cette porte, qui brusquement s'ouvre sans qu'on y ait pensé, et vous jette dans l'éternité sans fond et sans bornes !

Comment peut-on manquer de la vulgaire prudence qui vous ordonne de la regarder sans cesse ?

Tout a une fin, Mademoiselle ! De votre
voyage qui commence à travers la vie, c'est
même le seul fait qu'on puisse vous affirmer
en toute certitude. Nul ne peut vous en rien
dire, sinon qu'il finira. N'allez pas plus loin
pour chercher la sagesse, laissez à leur antre
les diseurs de bonne aventure. Sachant où il faut
tendre, vous en savez assez long sur l'avenir pour
vous bien conduire. En avant donc ! orientez
tout du côté de Dieu qui seul demeure, et que
rien ne dévie, que tout tende au but ; par ici la
marche, puisque fatalement

> *Par ici,*

> *Par ici la sortie !*

Ne soyez pas de ces âmes faibles, qui n'ont
pas le courage de regarder la vie comme elle
est ; pauvres autruches, qui cachent leur tête
sous leur aile pour changer la réalité ! Que la
mort, loin de vous attrister, soit pour vous à
l'horizon la porte d'entrée de la vraie vie !
Pensez-y, non pour craindre, mais pour mieux
vivre, en femme forte, en chrétienne sérieuse,
en voyageuse avertie, qui toujours l'œil au but,
se hâte, active et courageuse. Votre temps sera

court, hâtez-vous donc d'amasser des trésors !
Alors, le jour venu, c'est avec un sourire de
calme et d'espérance que vous accueillerez la
grande envoyée de Dieu ; et ce seront les
Anges, en vous ouvrant les portes éternelles,
qui diront à votre âme riche, confiante et
consolée :

Par ici ! par ici !

Par ici la sortie !

TABLE DES MATIÈRES

NEMOURS, Imp. Nemourienne, HENRI BOULOY. — (5-1012).

P. LETHIELLEUX, Éditeur, 10, Rue Cassette, PARIS (6ᵉ)

COLLECTION « FEMMES DE FRANCE »

*Tous les volumes de cette collection seront publiés en format in-12 écu,
très portatif, mais ne comportant pas tous forcément le même nombre de pages.*

Prix : 0.60 ; franco, 0.70

1. — MADAME DE LA FAYETTE
Par C. LECIGNE, docteur ès lettres,
professeur de littérature française aux Facultés libres de Lille.
(Les numéros 2, 3, 4, 5, sont du même auteur.)

2. — MADEMOISELLE DE MONTPENSIER

3. — GEORGE SAND

4. — MADAME DE SÉVIGNÉ

5. — MADAME DE STAËL

6. — EUGÉNIE DE GUÉRIN
Par A. PRAT, professeur au Lycée de Versailles.

7. — MADAME OCTAVE FEUILLET
Par J. DE VAREILLES-SOMMIÈRES

8. — MADEMOISELLE DE LESPINASSE
Par A. PRAT, professeur au Lycée de Versailles.

9. — MADAME JULIE LAVERGNE
Par C. LECIGNE, docteur ès lettres.

10. — MADAME DE LAMARTINE
Par C. LECIGNE, docteur ès lettres.

11. — LES FEMMES DE PORT-ROYAL
PREMIÈRE SÉRIE
Par l'abbé DELPLANQUE, professeur aux Facultés libres de Lille.

L'heure est aux collections. On en fait de très sérieuses et de très frivoles, de très savantes et de très superficielles. Celle-ci sera avant tout une galerie de portraits, presque de miniatures. Cent trente pages pour chaque brochure, pas plus !... Des esquisses légères, rapides, bien soignées et très vivantes, voilà ce qu'on veut faire.

L'ensemble sera quelque chose comme le *Panthéon féminin* de la France, un musée élégant et aimable où trouveront une place toutes les femmes qui se sont fait un nom dans les lettres, dans les arts, dans le monde ou dans l'Eglise, dans la paix comme dans la guerre.

Chaque brochure est un petit chef-d'œuvre d'édition : une couverture gracieuse, de beaux caractères, un beau papier, bref une plaquette très distinguée, un vrai cadre pour miniature.

Le directeur de la collection est M. C. Lecigne, professeur de littérature française aux Facultés libres de Lille. Il a écrit lui-même les premiers volumes de cette bibliothèque.

P. LETHIELLEUX, Éditeur, 10, rue Cassette, PARIS (6e)

Petit Dictionnaire de la Foi

Par l'abbé H. CUVILLIER
DU CLERGÉ DE PARIS

CONTENANT ENVIRON 2.100 ARTICLES

In-16 grand jésus (382 colonnes). Broché............... 1.25
Le même ouvrage, cartonnage classique............... 1.50
Le même ouvrage, reliure toile..................... 2 »

Cet ouvrage
est revêtu de l'Imprimatur de l'Archévêché de Paris.

Cet ouvrage, mûri depuis de longues années, est unique en son genre. Il sera d'une utilité pratique : **Aux prêtres chargés d'enseigner le catéchisme; Aux catéchistes volontaires**, se faisant les auxiliaires dévoués du clergé paroissial (tous les mots du catéchisme sont clairement et méthodiquement expliqués); **Aux enfants des catéchismes** ayant à faire des résumés d'instruction religieuse. Cet ouvrage peut être donné comme une utile récompense : **dans les patronages; dans les catéchismes de persévérance**. Il pénétrera ainsi dans les familles et y sèmera une foule innombrable d'idées saines et fortes, qui germeront bientôt, et feront revivre la foi chrétienne.

Ce livre est un puissant moyen d'apostolat, et sa publication est des plus opportunes. Établi à un prix inouï de bon marché, malgré ses 382 colonnes qui représentent la valeur de deux volumes de trois francs, il est appelé à une immense diffusion. C'est un livre qui s'impose, tant au point de vue du fond (plus haut nous en expliquons les raisons) — qu'au point de vue de la forme (l'exécution typographique, particulièrement soignée, le rend agréable et attrayant à l'œil).

Au dernier Congrès des Catéchismes, l'on demandait un moyen pratique de graver dans l'esprit des enfants l'explication des mots. Mgr AMETTE, archevêque de Paris, président du Congrès, prenant la parole, s'exprima ainsi : « Il y a un petit dictionnaire des mots du catéchisme, par un prêtre du diocèse de Paris, M. CUVILLIER, qui est très bien fait; ce livre s'appelle : Petit Dictionnaire de la Foi. » — Ce livre contient l'explication de 2100 mots dont 800 à 900 se trouvent dans tous les catéchismes et 1.100 ou 1.200 ne figurent généralement pas dans les catéchismes ordinaires.

P. LETHIELLEUX, Editeur, 10, rue Cassette, PARIS (6ᵉ)

PETITE
ANNÉE LITURGIQUE
OU
PAROISSIEN ROMAIN
(Historique et Liturgique)
PAR L'ABBÉ J. VERDUNOY

Fort volume in-18 (1610 pp.)...........................	4	»
Le même, en reliure toile, tranche jaspée..............	5	»
Le même, en reliure toile, tranche rouge................	5.50	
Le même, en reliure toile, tranche dorée................	6	»
Le même, petit chagrin, tranche dorée	7	»

Le titre complet de ce livre serait *PAROISSIEN HISTORI-QUE ET LITURGIQUE*. Il explique la splendeur de la liturgie en général, le cycle liturgique, les fonctions et choses sacrées : églises, autels, vases, linge, vêtements.

Il indique l'origine et le caractère propre des prières ordinaires : prières du matin et du soir, messe, vêpres, complies, bénédiction du Saint-Sacrement, chemin de croix, salutation angélique, *credo*, litanies, *angelus*, *Te deum*.

Il met en relief l'idée générale de chaque psaume.

Il donne une explication serrée des épîtres et des évangiles les plus difficiles à comprendre.

Il commente, en en exposant les rites complets, le baptême, la confirmation, l'eucharistie, la pénitence, l'extrême-onction, l'ordre et le mariage (histoire et liturgie) : grâce à lui on appréciera mieux, par exemple, les cérémonies des ordinations ou les rites relatifs aux malades et aux défunts : prières des agonisants, recommandation de l'âme, funérailles, office et messe des morts, sans oublier le caractère sacré de nos cimetières.

A l'occasion encore, il apprécie le chant, qui donne toute leur valeur aux paroles saintes.

Enfin il contient une courte biographie avant chaque fête de saint et les offices les plus nouveaux, même celui de la B. Jeanne d'Arc.

Ajoutons que partout il tient compte des corrections des éditions vaticanes.

Le livre aura un attrait spécial pour les chrétiens et chrétiennes cultivés qui vivent dans le monde. Ils trouveront ici des rapprochements presque continuels entre le passé et le présent, entre la liturgie primitive et les rites du xxᵉ siècle.

P. LETHIELLEUX, Éditeur, 10, rue Cassette, PARIS (6e)

VIENT DE PARAITRE :

L'Épopée
DE
Jeanne d'Arc

EN DIX CHANTS
Par l'Abbé S. COUBÉ
ET
EN DIX TABLEAUX
Par le Commandant LIÉNARD

In-8 écu... 2 »

Nous sommes heureux de présenter à tous les admirateurs de la grande Héroïne française une œuvre des plus intéressantes.

On a beaucoup écrit sur Jeanne d'Arc, jusqu'à présent aucune étude d'ensemble n'a été tentée pour montrer *de visu* l'épopée de la Bienheureuse qui vient d'être élevée sur les autels.

Depuis que Monseigneur Freppel, évêque d'Orléans, a proposé la béatification de Jeanne, un officier français, le Commandant Liénard a conçu l'idée généreuse de reconstituer sur la toile cette magnifique épopée. Dix années ont été nécessaires pour mener à bien cette œuvre éminemment précieuse au point de vue capital des détails historiques. Le Commandant Liénard s'est rendu sur place; il a fouillé les archives de toutes les villes traversées par l'Héroïne, puis il s'est mis à l'ouvrage, s'attachant avant tout à conserver la vérité historique. Il y est parvenu, du moins le croyons-nous, et il ne saurait être trop félicité d'avoir exécuté ce travail d'une valeur documentaire inestimable.

C'est cette œuvre, unique en son genre, que l'abbé Coubé présente au public, dans un style alerte, vibrant du patriotisme le plus noble et le plus élevé. Il commente, pas à pas, pour ainsi dire, les tableaux du Commandant Liénard il en fait ressortir toutes les mâles beautés, en nous donnant en même temps une *Vie de Jeanne d'Arc* dont les moindres détails sont puisés aux sources historiques les plus pures. Le brillant orateur qui, en 1909, s'est fait l'un des apôtres les plus ardents de Jeanne d'Arc (ses deux ouvrages : *l'Âme de Jeanne d'Arc* et *Jeanne d'Arc et la France* en font foi) vient d'acquérir un nouveau titre à la reconnaissance de tous les vrais amis de la Grande Française.

Tous sauront apprécier, comme il convient, l'œuvre du Commandant Liénard et de l'abbé Coubé, œuvre qui contribuera puissamment à faire aimer davantage et vénérer celle qui fut la Libératrice de la France.

PARIS (VIe)

Librairie de P. LETHIELLEUX, Éditeur

10, RUE CASSETTE, 10

OUVRAGES DE JEAN DES TOURELLES

Sous l'Orage

HISTOIRES DU TEMPS PRÉSENT — 5e SÉRIE

In-12.. 1.50

En Hiver

HISTOIRES DU TEMPS PRÉSENT — 6e SÉRIE

In-12.. 1.50

A Tour de Bras

HISTOIRES DU TEMPS PRÉSENT — 7e SÉRIE

In-12.. 1.50

A Pleines Mains

HISTOIRES DU TEMPS PRÉSENT — 8e SÉRIE

In-12.. 1.50

En Tirailleur

HISTOIRES DU TEMPS PRÉSENT — 9e SÉRIE

In-12.. 1.50

A Travers la Vie

SILHOUETTES ET CROQUIS

Par E. BEAUPIN, MISSIONNAIRE APOSTOLIQUE

In-12.. 1.50

Mosaïques et Nouvelles

Par Emile POITEAU

In-12.. 1.50

DU MÊME AUTEUR

Coups de Plume

NOUVELLES

In-12.. 1.50

www.ingramcontent.com/pod-product-compliance
Lightning Source LLC
Chambersburg PA
CBHW072032080426
42733CB00010B/1861